Naucz się angielskiego ze spokojem:

Krzyżówki słowne dla mindfulness i słownictwa

Copyright © 2024 @hectorspert
Wszelkie prawa zastrzeżone.
ISBN: 9798328738613
Samodzielnie wydane przez Cool&Co

Ta kolekcja 18 zeszytów z krzyżówkami słownymi stanowi wyjątkową okazję do połączenia rozrywki, nauki i dobrostanu osobistego. Te zadania, oprócz bycia przyjemnym zajęciem, niosą za sobą szereg korzyści poznawczych i emocjonalnych, które znacząco przyczyniają się do rozwoju osobistego i akademickiego osób w każdym wieku.

Korzyści z krzyżówek słownych:

Poprawa koncentracji: Rozwiązywanie krzyżówek wymaga pełnej uwagi, co pomaga w poprawie zdolności koncentracji i skupienia. Ta praktyka jest niezbędna w erze zdominowanej przez ciągłe rozpraszanie technologiczne. Stymulacja słownictwa: Publikowane w kilku językach zeszyty te stanowią doskonałe narzędzie do nauki i praktyki słownictwa, zwłaszcza w języku angielskim. Jest to istotne nie tylko dla uczniów języków, ale także dla dorosłych, którzy chcą utrzymać aktywność umysłową i ciągle się uczyć. Wzmocnienie pamięci operacyjnej: Szukanie słów pobudza pamięć krótkotrwałą, co jest niezbędne do zapamiętywania informacji i nauki nowych terminów. Redukcja stresu: Zanurzenie się w krzyżówkach pozwala odciągnąć uwagę od codziennych trosk i skupić się na konkretnym zadaniu, co redukuje poziom stresu i daje poczucie osiągnięcia.

Powiązanie z mindfulness:

Praktyka mindfulness, czyli uważności, polega na skupianiu umysłu na teraźniejszości, obserwując myśli, doznania i emocje bez osądzania. Rozwiązywanie krzyżówek, zwłaszcza w kontekście nauki nowego języka, takiego jak angielski, może stać się praktyką mindfulness. To podejście poprawia uwagę, koncentrację i spokój umysłu, oferując przestrzeń do relaksu i skupienia na tu i teraz. Korzyści z mindfulness: Redukcja lęku i stresu: Uważność pomaga w moderowaniu reakcji na stres, promując poczucie spokoju i ogólnego dobrostanu. Poprawa zdolności do skupienia: Regularna praktyka mindfulness rozwija umiejętność koncentracji na konkretnych zadaniach, co jest kluczowe dla nauki i produktywności. Zwiększenie kreatywności: Uwalniając umysł od rozproszeń i zmartwień, sprzyja się bardziej kreatywnemu i otwartemu na nowe pomysły stanowi.

Podsumowanie:

Publikacja tych 18 zeszytów z krzyżówkami słownymi nie tylko oferuje rozrywkę i naukę, ale także staje się narzędziem rozwoju osobistego poprzez mindfulness i naukę słownictwa w języku angielskim. Dostępne w kilku językach i na rynkach Amazon, otwierają okno na świat, zapraszając osoby z różnych kultur do skorzystania z tej wzbogacającej praktyki. W szybko zmieniającym się świecie, znalezienie chwil spokoju, koncentracji i ciągłej nauki jest ważniejsze niż kiedykolwiek.

Instrukcje do pełnego doświadczenia edukacyjnego: Witamy w Twoim zeszycie z krzyżówkami słownymi zaprojektowanym, aby poprawić Twój angielski słownictwo, jednocześnie praktykując uważność! Przed rozpoczęciem poszukiwania słów zachęcamy do wykonania poniższych kroków, aby zmaksymalizować swoje nauki i przyjemność:

1. **Wstępne tłumaczenie:** Przed poszukiwaniem każdego słowa w krzyżówce, zachęcamy do przetłumaczenia go na preferowany język. Możesz użyć słownika drukowanego, słownika online lub telefonu komórkowego do tego zadania. Tłumacząc słowa przed ich poszukiwaniem, nie tylko wzmocnisz swoje słownictwo w języku angielskim, ale także poprawisz swoje umiejętności rozumienia i praktyki językowej. Dodatkowa korzyść: Wykonując wstępne tłumaczenie, nawiązujesz głębszą więź z każdym słowem przed jego odnalezieniem w krzyżówce. Proces ten wzmacnia zapamiętywanie słownictwa i ułatwia jego zastosowanie w kontekście rozmów i pisania.

2. **Notowanie tłumaczeń:** Gdy już przetłumaczysz każde słowo, sugerujemy zanotowanie ich obok odpowiedniej krzyżówki. Pomoże to zapamiętać tłumaczenie każdego słowa i pozwoli na dalszą praktykę ich znaczenia i użycia podczas rozwiązywania łamigłówki.

3. **Poszukiwanie w krzyżówce:** Mając tłumaczenia pod ręką, jesteś gotowy do rozpoczęcia poszukiwania słów w krzyżówce. Poświęć czas na zbadanie każdej litery i odnalezienie wcześniej przetłumaczonych słów. Nie tylko wzmocnisz swoje angielskie słownictwo, ale także będziesz trenować umysł w uważności i koncentracji.

4. **Refleksja i nauka:** Po ukończeniu krzyżówki, poświęć chwilę na refleksję nad znalezionymi słowami i ich znaczeniami. Czy jest jakieś nowe słowo, którego wcześniej nie znałeś? Jak się czułeś, praktykując uważność podczas rozwiązywania łamigłówki? Ta refleksja pomoże utrwalić naukę i zidentyfikować obszary, w których możesz dalej się rozwijać.

Assorted Words 1

Puzzle #1

```
E D R E T S Y O R O U N D E D
P R E Q Y S A D B L G E G V H
R A C T P O E D E D N E M C O
E D T O S Q F R D X K Z I E N
D I E G M I G T E D E V I H E
E C A P I P O N V B R D I E Y
S A C S N L O H I B M A N S C
T L H S O W O N L Z L I L I O
I I E E R V K K E J A Q L T M
N S R X S E D Z D N Y D X A B
E M G A U N T L E T T D V T E
D P U C R I S S C R O S S E D
M O U T H F U L S C I T C A T
P P J S B R U T R E P K Y Z O
P S E T A R G E T N I S I D A
```

BEDEVILED   HOISTED   PERTURBS
COMPONENTS   HONEYCOMBED   PREDESTINED
CRISSCROSSED   INDEXED   RADICALISM
DAZING   LIMBEREST   ROUNDED
DISINTEGRATES   MENDED   TACTIC
EXACT   MINORS   TEACHER
GAUNTLET   MOUTHFULS
HESITATE   OYSTER

Puzzle #2
Assorted Words 2

```
A Y A M S S O T I N G O C N I
C L L B W P V M O I E T I E S
O G O S S I P P E D D I M S K
M S H O L E B I R T A I D T N
F B G D C L N E F E P L M I O
O Q U N K C I T S M U R D R N
R F S R O G L F E C A P F R P
T E A F G L S E L E R G B E A
A I D R F L R E T U I O I R R
B S F L T U A U S H F S W C T
L D I V O T M R F O A C M S I
Y N D E I C E R I F L L M T S
N O I L I V A P A Z A C L V A
P E B B L I E S T E E M N Y N
S T H G I L E M I L D S P I S
```

ABSENTEEISM	EARMUFFS	LIMELIGHTS
BURGLARIZES	ESCROWS	MAGIC
COLDER	FULFILLS	MOIETIES
COMFORTABLY	FURLONGS	NONPARTISANS
DEICER	GOSSIPPED	PAVILION
DIATRIBE	INCLOSES	PEBBLIEST
DIVOT	INCOGNITOS	STIRRER
DRUMSTICK	LETHALLY	

Puzzle #3
Assorted Words 3

```
M  J  S  D  N  O  I  T  A  T  N  A  C  N  I
E  Y  A  A  E  V  O  D  E  S  O  N  O  S  P
S  Z  V  W  S  R  E  S  R  O  D  N  E  G  R
D  B  A  D  N  D  O  G  I  G  G  L  E  S  E
A  L  G  L  E  O  E  T  H  G  U  A  R  F  M
M  H  I  I  N  T  I  Z  S  S  K  F  G  T  I
E  X  N  N  L  O  A  T  I  E  E  K  B  P  S
S  X  G  G  K  A  I  N  A  L  C  R  M  S  I
U  N  P  M  Q  I  F  S  I  T  A  N  A  T  N
T  S  I  E  H  S  N  F  U  M  L  U  A  P  G
E  M  S  A  D  D  H  G  O  L  A  A  T  M  H
Q  P  U  A  T  D  S  A  J  F  L  L  X  C  W
H  A  K  O  N  N  O  L  L  I  U  O  B  E  A
L  E  L  A  C  I  O  T  S  B  D  P  C  Y  I
Y  G  Z  E  X  P  E  C  T  O  R  A  N  T  F
```

ACTUALIZED	EXALTATION	MESDAMES
ANCESTORED	EXPECTORANT	NOSEDOVE
BLAHS	FRAUGHT	OFFAL
BOUILLON	GIGGLES	PREMISING
COLLUSION	HEIST	SAVAGING
CONTAINS	INCANTATION	SERAPH
DAWDLING	LAMINATED	STOICAL
ENDORSERS	LINKING	

Assorted Words 4

```
E  R  L  T  K  S  B  L  U  R  T  I  N  G  S
Z  F  C  O  O  A  L  W  A  Y  W  O  H  S  T
I  E  A  K  M  B  C  A  H  C  R  F  C  R  U
M  F  N  U  A  E  H  G  G  I  K  E  T  E  P
P  K  N  I  N  X  U  S  O  E  P  E  V  V  I
L  K  I  O  T  E  T  G  A  R  L  P  D  E  D
A  D  B  R  R  S  N  E  F  T  I  A  E  R  E
N  U  A  E  A  C  E  W  C  U  I  N  R  T  S
T  S  L  M  G  O  Y  D  T  R  J  S  E  A  T
L  W  I  E  P  V  J  A  N  H  O  F  F  S  P
C  O  Z  J  D  E  C  I  D  A  S  W  F  Y  S
O  L  E  K  J  T  R  N  S  E  L  B  B  O  C
E  L  D  G  N  I  T  A  B  M  O  C  Z  A  B
R  E  F  A  S  N  O  W  B  O  A  R  D  J  R
K  N  H  H  B  G  J  T  I  A  R  T  R  O  P
```

BLURTING	DAMPER	PORTRAIT
CANNIBALIZED	DICED	REVERT
CHUTNEY	EVERY	SATISFY
CLANDESTINE	GORINESS	SHOWY
COBBLES	IMPLANT	SNOWBOARD
COMBATING	LACKED	STUPIDEST
COVETING	MANTRA	SWOLLEN
CROWBAR	PARALEGALS	WHIPPET

Puzzle #5

Assorted Words 5

```
T S E V I T C E P S R E P K X
Q I C N E X T R I C A T E V E
S Z E C N E G R E M E U Q W V
G N I L B E E F N E K I E C S
Q L Z M B E C N E R R U C C O
Q N B K C A J K C A L B C R F
Y A N L U T I G B E E N X A T
O M S O L E D F N U X Z L Y E
S E V I T P A C I I R H F B N
S N O O L L A B X S G N U R S
C I L A H P E C E X S N E M H
K T Y D E L L E W O R A I R E
L Y L H C I R S P X Z J L R S
R N E R V E L E S S M R O C B
D E T A N I G A P S R E D R O
```

AMENITY	CORMS	PAGINATED
BALLOONS	EMERGENCE	PERSPECTIVES
BLACKJACK	ENFEEBLING	RICHLY
BRINGING	EXHUME	ROWELLED
BURNERS	EXTRICATE	SOFTENS
CAPTIVES	NERVELESS	SOLED
CEPHALIC	OCCURRENCE	
CLASSIFIABLE	ORDERS	

Puzzle #6
Assorted Words 6

```
Z D I S S A T I S F I E D B C
M U K T H E O R I S T S C D O
O Y F A S S T R O P I L E H N
N B A R R E N A Y Z I H D X S
G Q L C Y A T O I W G U E S T
E R S G Q Z T A Y L M O T O R
E U E D N U G S N N O W R F U
S O L S V I I A R G A F R E C
E M Y F C E R T R K O C E E T
U U A N Y I L U F A N C Y D I
Z U Y H T R S D C A G D C I O
Y N H B S L B S T E P I T N N
F U N S A F E R I R S Y N G U
L A C I G O L O N O H P V G J
X Q A I A Q G N I A N N E H E
```

ACQUIT
BARREN
CANYONS
COGNATES
CONSTRUCTION
DEFOLIATES
DISSATISFIED
FALSELY

FANCY
FEEDING
GARAGING
GUEST
HELIPORTS
HENNAING
KARATS
MONGEESE

MOTOR
PHONOLOGICAL
RESCISSION
SECURING
SHAMS
THEORISTS
UNSAFER
VELDT

Puzzle #7
Assorted Words 7

```
Z G E U P R O D U C T I V E A
D E T F A R C D N A H E S L M
P H W C O M M E N T I N G S U
R P A P E R B A C K Z N R X C
O Y D E C R Y I N G Q L B X K
S T S L L E P S G D T D T S E
P R E S D I M I N U T I O N D
E E E K E G A L F U O M A C L
R C D I C R N E S H A U P Y A
E U U U L O D I N E E G S H C
D R I V C A P Q T G H P A L Z
I R C C N A E K L N A C N J Y
W I Q W O G T M C M E G A O I
B L V E D I S E R I F R E O R
G N I N E H C T I K P P W S R
```

AMBIGUOUSLY
CAMOUFLAGE
COMMENTING
DECRYING
DIMINUTION
DRESSY
EDUCATE
ENGAGES

FIRESIDE
HANDCRAFTED
KITCHENING
MEALIER
MUCKED
PAPERBACK
PICKPOCKET
PRODUCTIVE

PROSPERED
RECUR
RENTING
ROACHES
SPELLS

Assorted Words 8

```
K E D O N C O M I N G L K E R
D Z G N I R A D N E L A C S A
E R E L B B I R C S J W H U G
X L O U S I N G O S J Q A N A
P R P G K Y O R Y L D P U R M
L E H H O M L Z T L E K V I U
A M Y T M I B N O K M R I S F
N A S E S S O L A D R R N E F
A T I M N R E D E M O N I C I
T C C U S U R P E R U J S F N
I H S S E L I T N U L H M O X
O E X T S E F I R V G D N F O
N S S R E D N E V O R P R F P
S R O T U C E S R E P B M F J
Y T I L I B A B O R P M I Y X
```

CALENDARING
CAROLER
CHAUVINISM
DEMONIC
EXPLANATION
FIRMLY
GEOPHYSICS
HUMANLY

IMPROBABILITY
LOSSES
LOUSING
MISRULED
ONCOMING
PERSECUTORS
PROVENDERS
RAGAMUFFIN

REMATCHES
RIFEST
SCRIBBLER
SUNRISE
UNTILES
USURPER

Puzzle #9
Assorted Words 9

```
V T R B P S E I T L A N E P Q
P J N V C H Q Y T T E F Q S L
Q S B A H A E S E G U O G T S
J E C G N I R E H C T U B A O
P U B R L I E C K H L N U N M
R R K D A A M L I Y K D Z D B
O E D E F P D O P N P I Z O E
F L A Z B T S D D M O N E U R
I R H R K O Q X I P E G D T L
T C M Y M V X G R E A T E R Y
E P Z S J U B E L A Z Y I N G
E J F J Y Y F T S E I N I P S
R E F E R E E F L A S H I N G
E O Q C G G L A G G A R D P P
D E T U A T X L I B R E T T I
```

BUTCHERING	GREATER	REFEREE
BUZZED	JUKEBOXES	SCRAPS
CARCINOGEN	LADDIE	SOMBERLY
DOMINANT	LAGGARD	SPINIEST
EARMUFF	LAZYING	STANDOUT
FLASHING	LIBRETTI	TAUTED
FOUNDING	PENALTIES	TEMPLE
GOUGES	PROFITEERED	

Puzzle #10
Assorted Words 10

```
G D E L L I K R E V O N G X J
L N M T D E M R O F T A L P U
T P I R E I G G U M O N H W N
O R S D E V O U T E S T F D G
R O A U I L S E A M A N B P O
C G P Y A U I S Y T H G U O D
H R P A H T G A F D X M X A L
I A L Y N C S S M F E W D Q I
N M Y P W A R I M K A K K W E
G M I Z R O N A R O C T O S S
H E N O N O O A I T K A S H T
R D G G G C B Z B R N E L I C
T E E M E D H E I S T E D B D
E Y L E N A S F D E G A C A C
P E N M A N S H I P R O M R M
```

BANANA	HEISTED	PROGRAMMED
BLACKMAILER	MATRIARCHY	SANELY
CENTRIST	MISAPPLYING	SEAMAN
CHOKED	MUGGIER	SMOKED
DEVOUTEST	OVERKILLED	TEEMED
DISTAFFS	PENMANSHIP	TORCHING
DOUGHTY	PLATFORMED	UNGODLIEST
GUIDING	PROBED	WOOZIER

Puzzle #11
Assorted Words 11

```
I N H A B I T I N G A W M B M
J V R E N E G O T I A T E D A
O B E T U L L O P N W C T G G
Y Y T I N U T R O P P O R H N
S Z G B D E S R E T T I B Z E
T C C E U J W L E L I T C A T
I C Y F L H H E A J L C S G I
C K B A Y C P E R U V U K R S
K A M M U N I T I O N Z F A M
C Y S L I R D N E T F N C P T
S N W A P S H O O T S M A E Y
O E V I T C I D E R P U T V S
R E P E R T O R Y X H N N I S
S H O W C A S E D L O C I N O
T N T Z S Y R O T I S O P E D
```

AMMUNITION	GRAPEVINE	RENEGOTIATE
ANNUALS	HOOTS	REPERTORY
BITTERS	INHABITING	SHOWCASED
CATNIP	JOYSTICK	SPAWNS
CHRONICLE	MAGNETISM	TACTILE
DEPOSITORY	OPPORTUNITY	TENDRILS
FOREWENT	POLLUTE	UNDULY
FULLER	PREDICTIVE	

Puzzle #12
Assorted Words 12

```
T D D C L L E H S T U N R H D
E U E E O R U S T P R O O F S
P U V I C M V S C N J O P B S
E R U M C A P R U A A C Q V K
B L I N A E N R O B R I A E Y
L R F D S R R D O C M O V S C
P H Q F I G S S I M K E L E A
R E A B A N N U N D I I R E P
E T N Y W W G U P N L S E G S
D O I F E R T I L I T Y I S E
I R L P U D H N Q F A I H N T
C I O M I N D L E S S L Y N G
T C G N I S U R E P H S S P F
E A S G N I K C I T I L O P L
D L C V B E C I D A M O N K G
```

AIRBORNE	MARSUPIALS	PRIDING
CANDIDLY	MINDLESSLY	RHETORICAL
COMPROMISING	NAIVE	ROCKIEST
DEICERS	NOMADIC	RUSTPROOF
ESCAROLES	NUTSHELL	SKYCAPS
FERTILITY	PERUSING	SUBMERGE
FLUNG	POLITICKING	WAFFLE
HAYED	PREDICTED	

Puzzle #13
Assorted Words 13

```
D I S S U A D E D R V V P N E
N N D T Y U V G R I D I R O N
O U R E S T P A Y L E S O X Q
I T E T M I I A U G M W C I R
S H A H S S M L B G A C U D O
A A D E T T F E U K N A R I Y
N T E R Q I B I Q D D I E Z S
C C R E U C L D T L E A P E D
T H S D A S G D L I D R T D V
I E H P H Y L Z Z I R D C Y Y
T S I R O C S L L E T E R O F
Y Z P X G H E R R I N G P R Z
Y E K J S Y C A R C O T U A E
N A M O U T H P I E C E S U F
N D L V N S T N A L A H N I W
```

APERITIFS	FORETELLS	MOUTHPIECES
AUTISTICS	GRIDIRON	NUTHATCHES
AUTOCRACY	GUAVA	OXIDIZED
CHOPS	HERRING	PROCURE
CREDULITY	INHALANTS	QUAHOGS
DEMANDED	LEAPED	READERSHIP
DISSUADED	LITHE	SANCTITY
DRIZZLY	MISTS	TETHERED

Puzzle #14
Assorted Words 14

```
S W R A D E G G E M T U N H R
S L P E R M A N E N T A G Z U
T U F R S L I D E R R G C W D
E R O D E L T I T B U E F K I
A M D E Z E E R F I T N A T M
L N E E S W L H L R Y D D R E
T O T N S A B I O T K A W S N
H H U I A U G N P H Z S A H T
I G G T G T O P H M K S C N S
L Z R R H X N H O A O Z K R D
Y G O O M O C U U R J C I Y G
Q J L G W R U O S K I J E E S
S T F E W N N S E S A R S R D
B V W N M L U R E F E D T O T
H C C I D E A P O L C Y C N E
```

AGENDAS
ANTIFREEZE
BIRTHMARKS
ENCYCLOPAEDIC
FLOPHOUSE
GASEOUS
GERUNDS
GROWNUP
HOUSED
NITROGEN
NUTMEGGED
OUTHOUSE
PERMANENT
RECOMPILE
REFED
RUDIMENTS
SLIDER
STEALTHILY
SUNTAN
TITLED
WACKIEST
WEFTS

Puzzle #15
Assorted Words 15

```
E  K  E  X  T  I  N  G  U  I  S  H  E  S  X
Q  S  T  T  X  F  M  W  G  U  B  M  U  H  W
S  D  P  N  I  I  R  E  V  E  R  S  E  D  F
B  S  D  R  A  C  Q  U  I  R  I  N  G  B  U
P  U  E  E  E  R  L  I  R  Z  T  C  N  I  R
A  T  D  R  C  S  E  A  S  R  T  N  U  R  L
N  U  L  G  U  I  S  T  C  I  L  C  M  A  O
G  M  Q  A  E  T  O  O  L  V  E  O  B  S  U
I  B  F  D  O  R  C  V  S  U  Q  L  E  C  G
N  R  W  U  X  H  I  E  N  D  D  L  R  I  H
G  I  F  U  N  J  S  G  L  I  S  A  L  B  I
H  L  K  V  A  G  P  M  A  R  C  T  E  L  N
P  U  I  R  K  M  A  Y  W  R  H  E  S  E  G
N  F  R  I  E  N  D  L  I  E  S  T  S  I  C
H  H  T  J  I  J  G  F  S  W  K  Q  J  Y  K
```

ACQUIRING
ADULTERANT
BRITTLE
BUDGERIGARS
CALCITE
COLLATE
CRAMP
ESPRESSOS

EXTINGUISHES
FRIENDLIEST
FUNGALS
FURLOUGHING
HUMBUG
INVOICED
IRASCIBLE
JERKIN

LECTURES
NUMBERLESS
PANGING
REVERSED
SHOAL
TUMBRIL

Puzzle #16
Assorted Words 16

```
L H T E I T R O F Y Z J N A A
L A Y G T S E M M U L G K G O
I C N V N S L Y R A N L S Y X
S A X I Z I R A D E P K A I Y
L W I S M N K O U E F L I B M
R U A R A E U R T T F R E E O
O N F P S S T O C I F U J R
E A S E W H B E R W E B O S O
F L X C R A I U T I G J A C N
A C I C L A P P C U E E B H S
C A T A R A C T J K P N L O T
T I N S U R G E N C E S T D P
O P E T E R I N G X N T I S C
R F I P I O P E N I N G S D B
Y Z S I X D P O P U L I S T S
```

AIRSHIP	GLUMMEST	OXYMORONS
BUCKETS	HABITUALS	PAWPAWS
CAREFUL	INSURGENCES	PETERING
CATARACT	LEGWORK	POPULISTS
DISPUTE	MAPLE	SCOFFED
FACTORY	NUTRIENTS	SEMINAL
FORTIETH	OBJECTORS	SURFER
FUNKIER	OPENINGS	WORKING

Assorted Words 17

```
V I G I L S P A L P A T I O N
Z Y E N M T N E I C S E R P R
S E N I L T S A O C G R R C Q
O N E G O R D Y H T R A E H K
S S E C O N D I T I O N I N G
S M R I F F A O G I N S E N G
R C J Q L P O R T R A Y A L S
E L C A N N I B A L I S M B I
T A N G L E D Y N Y G O S I M
H O I U T S O L L I D A M R A
K E M S E D E C C A W S B A G
M E A N I N G S L C M M P V E
M U R D E R E R S C A T T E R
G J Y N Y J S T N A D N O F Y
H I F D I N E R E R E E H S R
```

ACCEDES
AFFIRMS
ARMADILLOS
CANNIBALISM
COASTLINES
CONDITIONING
DINER
FONDANTS
GAINS
GINSENG
HEADY
HEARTH
HYDROGEN
IMAGERY
MEANINGS
MISOGYNY
MURDERERS
PALPATION
PORTRAYALS
PRESCIENT
SCATTER
SHEERER
TANGLED
VIGILS

Puzzle #18
Assorted Words 18

```
A E R U T L U C E I T D T R E
C S M R E P S O I G N A E S K
V W A D C M D C D E H J L T C
R R R S A U U O C E J X E A R
A E A A M S C A H J T D V N T
I N T L H H K T E P B I I D E
N O H I W R I W C R L L S P L
D V O V M O N A K S O Q I O E
R A N A D O G N B M M J O I P
O T S T H M O G O F V I N N H
P I K E N O H I O L J C T T O
S O Q Z Z T J N K A I Y K H N
K N J H D E Q G S R U S N H E
L S F E Q L T R X E L Y P U D
D B X H U S B A N D I N G E Y
```

ANGIOSPERMS	MARATHONS	SMITH
CHECKBOOKS	MITER	STANDPOINT
COCOA	MOTELS	TELEPHONED
CULTURE	MUSHROOM	TELEVISION
DUCKING	POSITED	TWANGING
EPSILON	RAINDROPS	
FLARED	RENOVATIONS	
HUSBANDING	SALIVATE	

Puzzle #19
Assorted Words 19

```
C E U I M P L I C A T E S H S
I N D U S T R I A L I S M A H
M A I D S E R V A N T S O J E
T Q A G N O I T A R T L I F G
B N I N F L A T A B L E S I E
O R Y D O O W T F O S C Z M R
S T A S S U M P T I O N S P M
N H D N K J G H X M F T D E I
I M C T C H A T T I L Y D C N
C N M U O H M A T C H E D C A
K J Q S N R E L G G U M S A T
N Q G A C U J S A D O S S B E
A C K Q E E E C R W I M P L E
M G N I D L O F I N A M B Y G
E R F R E E W H E E L E D M U
```

- ASSUMPTIONS
- BRANCHES
- CHATTILY
- CONCEDE
- EUNUCHS
- FIFTIES
- FILTRATION
- FREEWHEELED
- GERMINATE
- IMPECCABLY
- IMPLICATES
- INDUSTRIALISM
- INFLATABLES
- MAIDSERVANTS
- MANIFOLDING
- MATCHED
- NICKNAME
- SMUGGLER
- SODAS
- SOFTWOOD
- WIMPLE

Puzzle #20
Assorted Words 20

```
J S E T A N O D T O U T I N G
R E I L S A E M T E P T W Y L
G Q C T N I L F U M P T E E N
S N E H P R O S P E R I T Y F
N T I X A C Y J G O G Q I S I
O E S B A L C O N I E S R A S
R N O I L L G O A M T E C C
T U S R N B T E E N B M L R I
I R P S Q A M S N P V R E I A
N E I I P X M I F G U D S S T
G Y L C O N C U R R E D S T I
R E T A I L E D H N E S L Y C
C O N Q U I S T A D O R Y L A
D D W J P P A S T O R A T E S
O J P R E C I P I T A T I O N
```

BALCONIES	GIMME	SACRISTY
BANJOIST	HUMANIST	SCIATICA
CHALLENGES	IMBIBING	SNORTING
CONCURRED	MEASLIER	SPILT
CONQUISTADOR	PASTORATES	TENURE
DONATES	PRECIPITATION	TIRELESSLY
EXALTS	PROSPERITY	TOUTING
FLINT	RETAILED	UMPTEEN

Assorted Words 21

```
R A R E F Y P U T R E F I E D
G N I L E E N K U F N X Q T P
V E R G E S W D P M A R W I I
E T D C H X L A M O U R M E B
L H G O M D I R L B M U D A X
S U O R O D O K I L L P M P B
P N D R C R N E A G I O O P U
A D S E G A E R C A D T Y M V
I E G C D O L M E L B B O G S
K R P T J U C U A V W Z Q L G
M E Z I K R C K M G I D U T F
W D S O E W M E S N G G V Q N
S H I N N I N G S K Y F W K B
A K X S C H E M I N G S M A Z
W H U M I L I A T I N G K F L
```

ACREAGES
CALUMNY
CORRECTIONS
DARKER
DEDUCES
FLOTILLA
GAMER
GIRLS
GOBBLE
HUMILIATING
KNEELING
LAWGIVER
MUUMUU
ODOROUS
POMPOMS
PUTREFIED
RAREFY
SCHEMINGS
SHINNING
THUNDERED
UPDRAFT
VERGES

Puzzle #22
Assorted Words 22

```
F B P J A E E G H G A O P P I
D I T D S X C L N S N D Z D C
M E S E E E I U I I I N R I
A O N Q L R S I M C L F T Z B
N R O E Y B E R F T S G L I E
I E A E F L A B U O I U N O C
P X V X N A I M M B U T N I W
U P D E X T E R O U S L Y I J
L L E V I L A D A H C I I U M
A O Z A P L M S A T T N D N X
T S E V O M E R K M I A E W G
I I V M J W P B Z S N L F V T
V O V I E L V E S M G S I Y O
E N A P E R N I C I O U S M X
S E L L E S I O M E D A M R T
```

CITING	EXPLOSION	PERNICIOUS
DAMNS	FATHOMABLE	REMOVE
DEAFENED	FOULING	TASKS
DEXTEROUSLY	JINGLING	TITMICE
DISBELIEVE	MADEMOISELLES	WOLFISH
DISBURSES	MANIPULATIVE	
ELVES	MILITARILY	
ENCUMBERED	MINUSCULE	

Assorted Words 23

```
M T I S T S I G O L O H T A P
M O R T U A R I E S M Z Z P X
Z S I M P A N E L L I N G U G
N Y M S W S C O Z X V T R S G
S G T A R X M H V O W G V B E
M L N T E E C S E V O V O M N
I T E I I R M P I W A B Q F E
S I E M S K D O C H I N K R R
F X C H M S W Y N E C E B U O
I R K A S O A H A O O S S I S
T E J Z A E P P T D R L V T I
T Q R U M O R X M Q E T G E T
I N A P M A S F H O S K S D Y
N X B C S E I T L U C A F A R
G H A B I T U A T I N G D N J
```

ASTRONOMERS FRESHET PATHOLOGISTS
BOOZERS FRUITED POMMELS
CHEWIEST GENEROSITY RUMOR
CHINK HABITUATING SAMPAN
COMPASSING IMPANELLING SCHISMS
CORES KITTY
DAYDREAMS MISFITTING
FACULTIES MORTUARIES

Puzzle #24
Assorted Words 24

```
H U N D R E D F O L D V B M N
M I S S I O N E D O V T M P B
R I R H G W G S S Q T A A Q T
I K U I Q N I N E E E U R U M
V Y L P U O I G I T O O I R D
E C E P O J Q V G N U N N Z Z
R D R E R A G S I L I C A Y Z
S C I D Z M E N E L Y T E C A
I U N S J M D K I M W O Q X C
D X G A G I D I C D A O V I E
E G T Q L N E S B U O G S T S
S R D V T G I I H Y H R M Y B
Z R O S E M A R Y R H C R E C
G B E S D E L E H S U B P O H
S D N E P S S I M Y U B C U C
```

ACETYLENE
BUSHELED
CANOES
CORRODING
EXECUTES
GAMES
HUNDREDFOLD
JAMMING

LIVINGS
MARINA
MISSIONED
MISSPENDS
RINGSIDE
RIVERSIDES
ROSEMARY
RULERING

SHIPPED
SHRUB
TINING
UPCHUCK
WIGGLY

Puzzle #25

Assorted Words 25

```
J Z C U T M A T R I X O H H H
Q U H L U C U E L O H K N I S
O X R B E S M I R C H L B L S
X A F I C R D M R I Q Y K R P
R N G E S I E I S I P H A P L
S E O G L P R S C N L S G B A
C D T I R L R E T A G E E L N
O E R L T A S U H O T I D R E
U D U A A A V L D P R N S D T
T U P S P S T A A E S I A E A
I C J H H E Z U T D N I E D R
N I I E Q Q D R M E I C M S I
G B V S H N C F B M K R E E A
Y L E S N E D F H G O D B L H
R E S P O N S E T U L C X Z P
```

AGGRAVATE	DENSELY	RESIGNS
ANTACIDS	DRAPED	RESPIRE
BESMIRCH	FELLS	RESPONSE
BRIDALS	HEMISPHERIC	SALTER
CLERESTORIES	JURISPRUDENCE	SCOUTING
COMMUTATION	LASHES	SINKHOLE
DEDUCIBLE	MATRIX	
DELIRIUM	PLANETARIA	

Puzzle #26
Assorted Words 26

```
I  S  H  R  U  B  B  E  R  Y  F  V  N  T  V
F  U  N  N  E  L  E  D  M  L  U  C  I  D  E
D  Y  S  T  U  L  V  N  D  U  Q  E  M  L  R
O  A  Y  H  N  G  L  O  T  E  S  R  L  U  I
G  K  W  S  I  E  N  U  L  S  I  B  H  Z  T
G  I  F  N  T  N  G  I  F  L  R  R  U  T  I
O  N  B  Y  E  N  G  N  R  R  E  U  R  S  E
N  G  D  B  Z  D  E  L  A  E  A  Y  C  E  S
E  F  A  E  P  D  H  D  I  T  D  E  E  S  F
R  I  P  I  S  H  O  N  N  N  Y  N  F  D  H
G  S  I  E  I  O  S  I  O  E  G  R  U  O  B
A  H  R  U  I  P  P  B  O  B  C  A  T  S  T
S  E  O  R  Y  T  B  X  G  O  O  S  I  N  G
Q  R  S  E  V  I  T  N  E  C  N  I  A  N  L
T  A  R  I  N  G  S  A  L  L  I  T  N  A  M
```

ASCENDENTS	FERRIED	SHRUBBERY
BOBCATS	FUNNELED	SUBSUME
BOURGEOIS	GOOSING	SUNDERING
CURST	INCENTIVES	TANGENT
DAWNED	KINGFISHER	TARING
DOGGONER	LUCID	TYROES
EXPOSED	MANTILLAS	VERITIES
FEARFULLER	SHINGLING	VOLLEYED

Puzzle #27

Assorted Words 27

```
P T N G E V C L E V E R E R R
S O V E R J O Y T I N U M M I
Y J A U N D I C E S X E R I S
C F O N M D E C S E R O U L F
E R L I G S U O L U D E R C N
C O M P O R T I N G H F T F U
M G K R E D U T I T A R G N I
L E S U O H K N U B I K N O E
E V R E T I E F R E T N U O C
F X M H A L F B A C K P G K J
T X T M C D E V I E C E D V D
I I S E C A R B M E C F D G P
S R E T N E P R A C D Q H T N
M F S B R H C A N D Y P Z M F
S T R A F E D E G A M A D O Y
```

BUNKHOUSE
CANDY
CARPENTERS
CLEVERER
COMPORTING
COUNTERFEITER
CREDULOUS
DAMAGED
DECEIVED
EMBRACES
ENTERS
FLUORESCED
HALFBACK
IMMUNITY
INGRATITUDE
JAUNDICES
LEFTISM
OVERJOY
STRAFED

Assorted Words 28

```
W C P X I S H A L L O T J I R
K G D L A H X Y Q I P D E M B
N F N D A C S Y M F H K J O E
L I M I E S C F S E O Y G N B
S A Y C N S T E H R I M B K P
T C N D O O A E D S M G I E I
W E U O E R I E R E M L M Y N
O A Q F S L R N P S O I M S P
D G X D F A I U I P L F I H O
B E C I T N E R P P A E G I I
K R G V E Y B S I T T L R N N
V L B N X R V D N O E E A E T
E Y G L A D V G P O U S N S I
E Y R O L G N I A V N S T V N
D E V E I H C A R E V O S J G
```

ACCEDE
APPEASED
APPRENTICE
CORRUPTEST
DELIRIOUS
EAGERLY
GANGED
IMMIGRANTS
IMMOLATE
LIFELESS
LIFERS
MONKEYSHINES
NONSEASONAL
OVERACHIEVED
PINIONING
PINPOINTING
PLASTERS
SCUFF
SHALLOT
VAINGLORY
WAXIER

Puzzle #29
Assorted Words 29

```
P Y T R A L U B U T U F M L V
X L N R E S K A E W T R I K T
D V Y O E F F N C D W A E J J
E H X L T A U E O S C N X A H
C U B S S T T T H Z T C P C O
I M A N R U U I E C I H L K O
S A D I D A O L E D X I A I K
I N P N Q R L I G S B S I N W
V W W E E N C I R C L E N G O
E M L U R E D I M T L E I V R
N O I L A T T A B I S S N P M
E O U T S O U R C E S U G C S
S M B U F F E R I N G S D V X
S M E S U O U N E G N I I N R
A J M T U D F S E S S A G D I
```

APERTURES
BATTALION
BUFFERING
CHEFS
DECISIVENESS
DISSIMILARS
ENCIRCLE
EXPLAINING

FRANCHISEES
GASSES
GLUTTONY
HOOKWORMS
HUMAN
INDUSTRIOUSLY
INGENUOUS
JACKING

LURED
OUTSOURCES
REFUTED
TREATIES
TUBULAR
TWEAKS

Assorted Words 30

```
M E W W C G N I T R U L B W A
S V I Z S L E B P H A R A O H
C A A P P A R A T U S E S R S
P N I T L D N B D N E Q T E Z
N G I F A V Y Y R G E I A S I
E E L O R A C S E O I C R I O
M L M X V N R I P V N E D L U
A I I T A C G T E E G B I I T
R S D R S E M T A R S R Z E C
V T W O I M B I L X F E E N O
E I E T R E S N O R I A D C M
L C E M M N N G Y G F K R Y E
E G K L A T T R A C T E D W S
D E T A C I L P U D Y R B K M
Y H E N C H I L A D A Z S K L
```

ADVANCEMENT　　ESCAROLE　　MARVELED
APPARATUSES　　EVANGELISTIC　　MIDWEEK
ATTRACTED　　FIFTY　　OUTCOMES
BABYSITTING　　FOXTROT　　PHARAOH
BASTARDIZED　　HUNGOVER　　REPEAL
BLURTING　　ICEBREAKER　　RESILIENCY
DUPLICATED　　IRONS　　SEEINGS
ENCHILADA　　LARVAS

Puzzle #31

Assorted Words 31

```
R E S I N O U S S S F M I F Q
H M I A L C C A P T U R E S Q
Z V X M F P I G O M L K I D U
C S W U A R D Y N W A A U S I
O Y N D D L U O E I H L X M C
N G S O E E P C O G Y O C E K
T U N D D T R R T M A T O I E
U R T I R O E U A I I B N P N
M E D R Y A T G T C F N R U I
A P S N I F O S D A T Y G A N
C R R W U E I B A I M I X T G
I E P U A D N L E M F R C H K
O S H U I P X T L S S W A E C
U S X S F R A C S U A S B K S
S P G N I H G I E N N B G C B
```

ACCLAIM
ARMATURED
BASEBOARDS
CAPTURES
CLAMPS
CONTUMACIOUS
DOOMING
EXALTS

FIDGETED
FRUCTIFY
GARBAGE
MALPRACTICES
MASTODONS
NEIGHING
NULLIFYING
NUTRIENTS

QUICKENING
REPRESS
RESINOUS
SCARFS
UNTYING
WHOOP

Assorted Words 32

```
P S C G N I S R U O C S I D K
R J E R H U P L A T E N S N A
U O K K E E B C I A T L O V L
L B U B I D M A J A Z E V E E
M E G D C L I M A C T I C R G
E S W N N S H B E I I R V E I
D E R G I A I C L L N Q U X T
I E B E N R H N U E N G E C I
T S T F P I E E I S S R Y E M
A P O A F E Z T E S C E Q R A
T E K C G L E Z S R T Y Q P T
I E E I U N S K I I F E H T E
O D N A I B O L E R N R R S D
N E S L S A F L U E F A N V C
S D F S C W U E E B B W C V D
```

BAAING
BEEKEEPERS
CANISTERING
CLIMACTIC
CREDIBLE
CURTAILS
DISCOURSING
ELONGATED

EXCERPTS
FACIALS
FREEHAND
FRIZZING
GREYER
LEGITIMATED
LEMME
MEDITATIONS

OBESE
PLATENS
SINISTER
SPEEDED
SUCHLIKE
TOKENS
VOLTAIC

Puzzle #33

Assorted Words 33

```
I M G N I K O O L R E V O G D
L I A A L F D E T E K R A M E
E K S U O I R E P M I S G N S
C O N G R E S S E S H R M R P
H E A W N P O L L U T A N T O
E C N N O I S H T H E R E O N
R A D T T D E F R O S T E D
O S P E R I N L T N V Z R E E
U W O N N A Q W O T E I Y S N
S O T B N N L U O H I X N T T
N O S I R P A L A D W N H A L
P N H G D K W T Y R T V G Y Y
E I O A Y D I R I G I B L E Q
F N T P B A R B E C U E D D F
Y G S I D H G R I N G O S K G
```

ANTIQUARIES	GRINGOS	PRISON
BARBECUED	HOLDINGS	SETTING
CENTRALLY	IMPERIOUS	STAYED
CONGRESSES	LECHEROUS	SWOONING
DEFROSTED	MARKETED	TANNED
DESPONDENTLY	OVERLOOKING	THEREON
DIRIGIBLE	POLLUTANT	
DOWNTOWN	POTSHOTS	

Puzzle #34

Assorted Words 34

```
W Y M O T I V A T O R V D L V
W B O N A N Z A S T C E F F A
Y A C H T S R E D N A L S T S
C X O R V S Y N F N N K A I U
S Y S E C W T I C F V Q L P N
U T C E J H P E S O A J V S S
S U A N I R A M L K S Y A T H
T R D T E B L B U P B I G E I
R R Y E Y I B Y C L A W E R N
E E H R K X C A V E C H D S E
T T R E I C R I T M K W C A T
C T R D X P K X F W S Y U C Q
H U E C A H X Q D E L T S U R
E S T N E D N E P E D O C E Y
D O M A G N I F I C E N C E R
```

AFFECTS	EXPIRY	STRETCHED
BONANZAS	LANDER	SUNSHINE
CANVASBACKS	MAGNIFICENCE	TABBIES
CHAPLETS	MARINA	TIPSTERS
CLUMP	MOTIVATOR	TURRET
CODEPENDENTS	REENTERED	YACHTS
COSIEST	RUSTLED	
DEFICIENCY	SALVAGED	

Puzzle #35

Assorted Words 35

```
N  M  C  Y  G  E  O  M  E  T  R  I  C  R  G
N  O  N  L  E  I  N  S  T  I  L  L  A  E  R
C  O  I  E  X  C  H  A  N  G  E  A  B  L  E
F  B  I  T  X  E  A  G  E  R  E  R  B  I  Y
Y  J  N  T  A  A  T  P  Z  G  G  T  D  E  H
J  T  S  S  A  T  L  A  P  E  P  M  O  V  O
P  M  I  R  L  R  S  F  L  U  K  M  W  E  U
S  S  S  R  E  A  T  E  A  U  C  A  N  D  N
P  R  T  M  A  H  R  E  R  Y  L  C  R  B  D
R  Y  E  I  U  L  C  E  P  O  X  U  I  D  S
E  Y  N  B  M  P  U  R  N  R  F  Z  G  N  W
F  W  T  S  M  E  P  C  A  U  E  P  H  V  O
I  Y  L  P  E  I  R  I  R  M  F  P  T  J  S
X  T  Y  M  M  T  L  B  N  I  F  F  U  M  F
J  P  H  B  L  E  N  C  H  G  C  X  E  S  E
```

BLENCH	EXCHANGEABLE	MARCHERS
CAPPUCCINO	FLAXEN	MUFFIN
CIRCULARITY	FORESTATION	PERPETRATION
CLIMBERS	FUNERALS	PREFIX
DOWNRIGHT	GEOMETRIC	RELIEVED
DRAKE	GREYHOUNDS	REMITS
EAGERER	INSISTENTLY	ULULATE
EMPTY	INSTILL	UPPING

Puzzle #36
Assorted Words 36

```
Y L L A N O I T N E T N I B L
C R E I L P I T L U M Y V Z K
P K M A S T I C A T I N G K O
O A I X X D E R E T T O L P K
L C S T P S E M P L O Y E E S
Y T I L U D E R C N I A N R B
P K B R U S Q U E N E S S C X
H R I M T Q E R B F S Y R E M
O S E L I I E P Q P F D M I Q
N H I I L S C N U E T I Z V U
Y C G P Z D D L A L A Y D A I
J N G Z E T E E B D C Z O B B
Z S K F V E U E A X N H X L B
N G W I Q F H L R L W U E E L
S E T T L E R S K M T M M R E
```

BRUSQUENESS MASTICATING SEPULCHER
CITRIC MISDEALT SETTLERS
DIFFERED MULTIPLIER SHEEPISH
EMPLOYEES MUNDANE
INCREDULITY PERCEIVABLE
INTENTIONALLY PLOTTERED
KILLDEER POLYPHONY
KLUTZIER QUIBBLE

Puzzle #37
Assorted Words 37

```
A Q I P E D D L E R S O I L S
P K M L G E I N F L A T E D G
E S P M K M G S L U R P I N G
S S E S Z A D I S T R U S T S
T H R P V G D G A U C Z J S V
R E T E P O T E N T A Y S Y E
A E I C J G N X F I R S R M S
N P N I R U Z B U M P Y I B L
G D E F L E C T I O N A T O A
E O N I O R D S P F B S H L N
M G T C O Y N A P W D E R I T
E T L D E R E P S O R P O Z W
N U Y Y L B A T I U S T B E I
T A E G G B E A T E R I S A S
S E L B M E S S A E R C D M E
```

APING	EGGBEATER	SHEEPDOG
ASEPTIC	ESTRANGEMENTS	SLANTWISE
BUMPY	IMPERTINENTLY	SLURPING
CRUSADER	INFLATED	SOILS
DEFLECTION	PEDDLERS	SPECIFIC
DEMAGOGUERY	POTENT	SUITABLY
DISSUASION	PROSPERED	SYMBOLIZE
DISTRUSTS	REASSEMBLE	THROBS

Puzzle #38
Assorted Words 38

```
S S L U D G E Y Q B X X P I L
O A S R E K C A L S H R O X O
L Y R E L A H M C D B H M U V
D U D M N V M S O R A T P N E
I N B C W I Y B V S F E A D R
E C L R A P P R A I S E D E W
R O S I I N K M O L M A O R E
M M L W T C A S U T K J U P E
O M I E G E A L C R C S R A N
N I M T U N R T O O G E S Y I
O T M N T A I A E G R N R I N
G T E E S L T F T D O C Z I G
A E D S I C H S F U B U H N D
M D D S E X E L B A R I S E D
Y H P A R G O L O H G E C U D
```

ANALOGOUS	GUTSIER	SCORCHED
APPRAISED	HALER	SLACKERS
BALKS	HOLOGRAPH	SLIMMED
DEADLY	LITERATURE	SLUDGE
DESIRABLE	LUBRICATED	SOLDIER
DIRECTORY	MONOGAMY	TAROS
GAFFING	OVERWEENING	UNCOMMITTED
GRUMPINESS	POMPADOURS	UNDERPAY

Puzzle #39

Assorted Words 39

```
S N E S R A O C V O L U M E S
I C O M P E N S A T O R Y O J
S Q L I E C D E D D O S J M W
G S Z C T S R E T E I D F I S
R N E D A A A O S L E V E L S
E N I N S R N E U G G T P I K
C D O T H K P G P P H A I T I
E J E R C S C O I S Y P P A N
I D N T T E A O R S P E I T D
V U E D A C P R L T S D T I R
A B Q G U O E S A L S A Y N E
B P W H N J B L U O U E Y G D
L H D C O U R S E S E B R U G
E L Z Z U P B E T A R T S A C
O I N X E R U T S O P M I K B
```

ASSIGNATION	COURSES	PIPIT
BAREST	CROUPY	PUZZLE
BOATED	DIETERS	RASHNESS
BULLOCKS	ELECTRON	RECEIVABLE
BUNGED	IMPOSTURE	SODDED
CARPORTS	KINDRED	SUSPECTING
CASTRATE	LEVELS	TAPED
COARSENS	MILITATING	VOLUMES
COMPENSATORY	PEASE	

Puzzle #40
Assorted Words 40

```
Y F O R M A L I Z E D R U Q O
S R E D N O W N I A T N I A M
P E T Z M S M R O T S N I A R
A T M C Y B E D A L G T N Y M
T T M C K R L S P E C I O U S
T E Q L R S E R U T A I N I M
E D D E T E F F U B J N O O R
R V V A P O I E I T F L Y B Y
E B E R J O M C T N A Z G T E
D W O I A T X E N A A N A U U
G T Q N I K U I S A N N G U E
B F T G B P O K E S N I C Y D
O Z K S L O C V O S I I G E Y
E G D U L S H N N T X N F A S
I N F L A M M A T O R Y G D P
```

BUFFETED	GLADE	RAINSTORMS
BUSES	HOBNOB	REFINANCES
CLEARINGS	INFLAMMATORY	SLUDGE
EPOXIES	MAINTAIN	SPATTERED
FINANCIER	MESSING	SPECIOUS
FLYBY	MINIATURES	TANGY
FORMALIZED	PAGINATE	WONDERS
FRETTED	POKES	

Puzzle #41
Assorted Words 41

```
K F C R E D I D N E L P S I R
R G Y N E C O L O G I S T S L
C R E A R R A N G E D B Z H K
R E E Y F S E W B S C O P E H
E S A G P L N K A A Q W Y R A
M G F P S R O E A I N H D R I
A R F U F W I U T M L H O I R
T I R N P W A N N T M E W N B
E N A G N T S L C D A L D G R
A G Y E A C F A F E E F I S U
Z O S N O C A E D H S R N F S
W S S T N E M E R U S A E M H
Y C O N S T R I C T O R S D E
C O N S I D E R A B L E S Z S
C N Z S E I T I N A M U H N I
```

AFFRAYS
CONSIDERABLE
CONSTRICTORS
CREMATE
DEACONS
DOWDINESS
FATTENS
FILMMAKER

FLAWS
FLOUNDERED
GRINGOS
GYNECOLOGISTS
HAIRBRUSHES
HERRINGS
INHUMANITIES
MEASUREMENTS

PRINCES
PUNGENT
REARRANGED
SCOPE
SPLENDIDER
WAILED

Puzzle #42

Assorted Words 42

```
S E S S U C O F E R U L Y U B
E V E I H T Q U I N T E T S K
S S S M P C N I N C L I N E S
H C U F G R A P H I C A L U H
I M W G G Y O B G F C A F N O
P D E R A L B L D O R W J S R
W A O Z L R T Y L E A A Y E T
R T X F T L A I L E G I T A B
E U D Q H W P P R F S G B T R
C M W F O R G E S E J N O S E
K L G T U Z Q K J A M C U H A
E L U G G E D C O L D E R O D
D O U G H I E R R U M E D Q C
K N O W L E D G E A B L Y P O
H Y P E R T E N S I O N S U M
```

ALTHOUGH	DEMUR	KNOWLEDGEABLY
ASPARAGUS	DOUGHIER	LUGGED
BLARED	FLYBY	QUINTETS
COLDER	FORGE	REFOCUSSES
COUNSELLOR	GRAPHICAL	SHIPWRECKED
CRAGS	HOGGED	SHORTBREAD
DATUM	HYPERTENSION	THIEVE
DEMERIT	INCLINES	UNSEATS

Puzzle #43

Assorted Words 43

```
P E W H E A D B A N D S P C R
O B P C L X D E R E P M A T E
S G R A S S H O P P E R S F G
H K O G M F R A M I N G T L I
E N M Y U A Y P U V F O A V S
R I P D B W S L E S N I T L T
U C T R E K S I R B T E C A R
M K E G D L C Y P U N I Y R I
P K S W P R L B J F M N V D E
I N T W A V E I L F J S V E S
N A E Y N A N D N A S N C R X
G C D B K G C O L L A T E B G
V K A S E T A I T O G E N B K
O S S I F I E S Y E C K M J E
S T A E H E R P M D E M M U B
```

BEDPAN
BRISKER
BUFFALOED
BUMMED
COLDER
COLLATE
EXHAUSTIVE
FRAMING

GRASSHOPPERS
HEADBANDS
KNICKKNACKS
LARDER
NEGOTIATES
NILLED
OSSIFIES
PASTA

POSHER
PREHEATS
PROMPTEST
REGISTRIES
TAMPERED
TINSELS
UMPING

Puzzle #44
Assorted Words 44

```
T E S A E R C L G Q U Y H D I
G I Z G A D E H S A E L P V N
E S N O N B G G U L Q U Z O F
C L K G W I R K N U Q A Z U I
Z E Z A L D G D S I O J I T N
N C E Z E E I N F E N D E R I
D I S B U R S E O Z S N W E T
P O Q A K P B M R L M I U A E
R S T S I L N E I E E Q R C S
E Z D U M K C R R N S B A H I
T H S T O S U G D I A I R I M
T K B E N B V E J G F R S N A
I H W F O C E D Y B X T Q G L
E A V R S E S U L L A H P J L
R U N H A N D S C I T S A L E
```

BELONGINGS   ENLISTS   PRETTIER
BIRTHS   FENDER   PUZZLE
CREASE   FIREBREAK   RISES
CUNNINGER   INFINITESIMAL   TINGLES
DIERESIS   KIMONOS   UNHANDS
DISBURSE   LEASHED
ELASTICS   OUTREACHING
EMERGED   PHALLUSES

Assorted Words 45

```
S L U B O O T B L A C K S I W
T S O H A C B A P P E A R E D
R P E V I S A O S L O P P E D
A L A N E N T P N A S I T E S
N P G R R D A S D Z Q A C H
S R G N A E J I R U E T A M A
G O B P I C V O S D L D D S C
R P G S W K H E Y C I I Z T K
E E S Q T G R U L I R Z N V L
S L L G N E R A T C N E E G I
S L I P N T P O M I R G E N N
O E K R A I Z P W R N R J T G
R N P B B L N T U L A G I F G
S T K T N E D N O P S E D H W
U G J F N D F H I G O D D B W
```

AMATEUR
APPEARED
BASTARDIZE
BONDED
BOOTBLACKS
CAPSULING
CLEVERNESS
DESPONDENT

EARMARKING
FEBRILE
GROWLS
INDISCREET
INNINGS
OVERJOYING
PARACHUTING
PROPELLENT

PUPPETS
SHACKLING
SITES
SLOPPED
TRANSGRESSORS
WHIRR

Puzzle #46

Assorted Words 46

```
I E T Y C O N N E C T E D T Z
F S X G D R A Y R E B M U L V
L V U P E T T I N E S S J W F
T I T L E S C O M P R I S E D
G A C H A N T E D A R M D W L
C O D D L E D S Q L F I Q Y U
E R G R A R E L A X E D F I X
A X E N A F F I X E D V L E U
I T P J I O S O Y T R D L W R
W H U L O B B R B E O B M J I
F U B R O I M E E A L U V I A
F B X J N R N U V T F B G S T
O U V D E I E I R O S E M H E
X R V O C T P R N C B U R U S
S E H C T E R T S G I A B P J
```

ABOVEBOARD	CRUMBING	REJOINING
AFFIXED	EXPEND	RELAXED
BREAST	EXPLORERS	RIFER
BUSTERS	JUMBLE	STRETCHES
CHANTED	LUMBERYARD	TITLES
CODDLE	LUXURIATES	TOUGHS
COMPRISED	PETTINESS	TURNIP
CONNECTED	PREFAB	

Puzzle #47
Assorted Words 47

```
C L A D Q D C R H Y V I C G M
E F T Y I L R A P R L D O R V
N B T S L S E A V E F Q N U V
T I E S E L E A G E W B S E T
R P N A E R U N G N A B I S Z
A V U C T D O F C U E T S O H
L S A S R I O V D H E T T M X
I S T P R U F S I A A D S E L
Z X I O Y E S Y I T E N B L D
I J N I N L D T I P C R T Y F
N H G M S I D R I N E E D S R
G S E K A T S O A N G L S K E
J A C K E T B H G W G H O N D
G M B I O D I V E R S I T Y I
E R U S O N Y C T D F F Q C D
```

ASTONISHED	DISENCHANTS	JACKET
ATTENUATING	DRAGNETS	LEAGUED
BEATIFYING	DREADFULLY	REDID
BIODIVERSITY	EPISODES	REDRAWS
CAVEATTED	GODLY	STAKES
CENTRALIZING	GRUESOMELY	
CONSISTS	INCRUSTING	
CYNOSURE	INSECTIVORES	

Puzzle #48
Assorted Words 48

```
J B S A S H I B E R N A T E D
D O U X C O O L E S T I F Y O
I K U S H T A B D O O L B O Y
D S E T A N E H P Y H O E V L
D T I N S T I L L S T O R S A
S N G N E G O N I C U L L A H
Z E U N D F S G N I L O A G K
P P R O I R O N I M B Y S H T
R D G U R K F R L P A P H W A
I S M N T G A R K A V O I D S
V S V K I A R E E L N K N A X
A R I U E M E I L T I D G A G
T P R H R J A F A W F F I Q S
E T A R E V O L I F Q U T N J
E N I H C A M E F X A E L S G
```

ASHING	FLAMING	LANDING
AVOIDS	FORKLIFTS	LEAKING
BLOODBATHS	FRETFUL	MACHINE
CHASED	GAOLING	MINOR
COOLEST	HALLUCINOGEN	OVERATE
DIRTIER	HIBERNATED	PRIVATE
FAIRGROUND	HYPHENATES	
FEATURES	INSTILLS	

Puzzle #49
Assorted Words 49

```
N Y S K Q G A R R O T E S O H
E W C N K V N B O Z V T L F O
G R R O R Y B I R U A I A F U
A N Q Q N L N C N U Q S G S S
T G I E Y T P O D E B I S H E
I S I T I B E L H P Z U L O W
V C O K T I V S S N U A S R O
E Z H H Z O B U T C H E R E R
S L D E Z I L A T I P A C B K
C W H Y N M W L Q C N J S M K
X O H U Q I C S A V A G E R D
Z O L O V E L I E S T T N B B
D E L W E M F L A T F O O T G
M R Z D E N T R E A T I N G X
O S U S N O I T A N I M A X E
```

ALLOTTING
BRAZENING
BUTCHER
CAPITALIZED
CHENILLE
CONTESTING
ENTREATING
EXAMINATIONS
FLATFOOT
GARROTES
HOUSEWORK
LIQUOR
LOVELIEST
MEWLED
NEGATIVES
OFFSHORE
PHLEBITIS
SAVAGER
SLAGS
SUBURB
WOOERS

Puzzle #50
Assorted Words 50

```
S N O N A B S O R B E N T S B
G N I N I T S E D W Y F S G D
U L A R H C N L Y D L B B O L
D E N A J I H E H S I P P O F
L S S E S E S E G Z E T O W T
C C E B E S J R E N A G I J C
S U J L A D O X E R I X U E C
U W P A G R A C Y H F R U E S
A L F C E G M K I A T U T C D
V Z S T A B O R C A S A L S K
I G V Q T K W T E I T N L L A
T E S U C X E Y V S H I I B Y
Y S L A N D E R E R T C O A D
S T N I R P S C H I L D I N G
L W H H P N O T A R I Z I N G
```

ACROBATS	DESTINING	SEGUED
ARMREST	EXCUSE	SLANDERER
ASSOCIATION	FOPPISH	SPRINTS
ASTRINGENT	GAINSAY	SUAVITY
CHEERFULLY	LATHERS	TOGGLES
CHICKADEE	NONABSORBENTS	
CHILDING	NOTARIZING	
CUPCAKE	ODDITIES	

Assorted Words 51

```
M Z L X E K F G E L D I N G E
I H A S T D D H N X H O L X V
L G N I S U A C C I I G U F I
L I D E R I F P M A C K R W C
I B S R M M A Z C H O N H M T
O B G E N O C I D E T R A U E
N E P L J V W U R H O H C H D
T R K I P H O S P H O R S N C
H F T E C U T E S E R I T N E
S A G G R E G A T E D D K T K
K C S E S U M A R O N G I U K
E H A B O L E V E H S I D X L
C O N F I S C A T E D V S X O
P O U U Y F S E L I N E V U J
J I N X E D E H C N Y L M G B
```

ACHOO
AGGREGATED
BUSINESSWOMEN
CAMPFIRE
CAUSING
CHANCING
CONFISCATED
CUTES
DISHEVEL
ENCROACH
ENTIRE
EVICTED
GELDING
GENOCIDE
GIBBER
IGNORAMUSES
JINXED
JUVENILES
LANDS
LIEGE
LYNCHED
MILLIONTHS
PHOSPHORS

Puzzle #52

Assorted Words 52

```
T N E M P M A C N E F H H R Y
P P S R E H T R U F P Y O E B
R P R O V E N D E R I N G U A
O P U B L I C A N G R Z Y P R
S L O R D S H I P S G D U H R
E D T T S E R I F K C A B O E
C H N B S A T I N S Z B D L L
U E K U M T P C N H L R D S L
T E A R O O M S A J G I F T I
E O S B K R L Q N R D E Z E N
W E E K L Y G P V X T F L R G
E X P R E S S W A Y S S G E O
F S Z K I N E M E K A R B D R
J T A M M S I L A B I N N A C
E D V W Y L T N E T S I S N I
```

ABSTRACTED	ENCAMPMENT	PUBLICAN
APLOMB	EXPRESSWAYS	REUPHOLSTERED
BACKFIRES	FURTHERS	SATINS
BARRELLING	GROUNDS	TEAROOMS
BRAKEMEN	INSISTENTLY	WEEKLY
BRIEFS	LORDSHIPS	
CANNIBALISM	PROSECUTE	
DAGGER	PROVENDERING	

Assorted Words 53

```
P P R E V I E W S N O O P E R
C F D S H A R K T H G I T P U
F G P C S N O I T A R E C A L
E D Y N P E R F E C T E S T S
D B E M B S N I E T O R P Y I
R E O C E V R E N Z X W Q G N
E S R R I N S U L A R I T Y G
S H E E T S J G L B P L I G L
I R A K E S I B M T A S K S E
G E E T A N G O C H R K L N T
N F D H N S A R N V C I I I O
S L F P T L R C M M E Z Q L N
W Q H E O A L O C A L S U D T
M A Y P O L E S F U X R O W K
S M L U P L I F T S B M R N W
```

BUCCANEERED LIQUOR   RESIGNS
COGNATE   LOCALS   SHARK
DECISION   MAYPOLES   SINGLETON
FEATHERS   NERVE   SNOOPER
FORSAKES   PARCEL   STROBE
INSULARITY   PERFECTEST TASKS
LACERATIONS PREVIEWS   UPLIFTS
LIKABLENESS PROTEINS   UPTIGHT

Puzzle #54
Assorted Words 54

```
T T H M E E M I T S A P A A B
C I L B U P E R E V I G W A L
U N O G D E B B U R G H G N P
T B P R E L A T E B R W R S P
C D E C A F F E I N A T E D W
J G Q H G I T C H E D K L Q V
R L M I R A C L E S U C A P N
Y G N I G N A R R A A E S G S
W L S R E N I V I D T K T O P
S J D N N I G H T P I P I V R
P K D E N G I L A N O N C L I
R J E P K N A C K I N G U S T
A L R P S G N I R R A E E A E
W X P R O B A B L Y K N I L S
L E D O Y K S C A N T I N G D
```

ARRANGING	KNACKING	PROBABLY
DECAFFEINATED	KOPEKS	REPUBLIC
DIVINERS	LAWGIVER	SCANTING
EARRINGS	MIRACLES	SLINKY
ELASTIC	NIGHT	SPRAWL
GRADUATION	NONALIGNED	SPRITES
GRUBBED	PASTIME	YODEL
ITCHED	PRELATE	

Puzzle #55

Assorted Words 55

```
J M C V C S M R O W H T R A E
E F X I J O E M D U N A F B H
H L Z D T D N L W E Y J L J M
W O A H E N J F I K T L G I J
S O T U N R A S I D N R T Z H
S C D H D O E M M R O I A I X
C O H E E A I E O A M C S M F
D Y L O R A T T N R T I O V S
E I H L O I D O A A B N N R O
D C M L I L P E R L C R A G C
W D D U X D I S D Y U C I B Z
V P J U T P A N A L O G U E Y
S P U E L I P M G T Y Z A B F
H S R E D W O P R A T T A O Y
Y B G N I D R A W A E W J N C
```

ANALOGUE	COAGULATION	POWDERS
ARMADILLOS	CONFIRMING	ROMANTIC
ASPIRED	CROCODILES	SCHOOLING
ATTAR	EARTHWORMS	SMARTED
AWARDING	FITLY	TUMID
BANTAMS	HOTHEADEDLY	
BRIEF	LAUDATORY	
BUCCANEERED	PILEUPS	

Puzzle #56

Assorted Words 56

```
T W H E X L A T N E M U N O M
E O O I N P E R S O N A L S T
S R R S R C H S P E C I M E N
T R I E T U O J S E I V I R P
I I Z X N C A U U X F H H R H
S E O J N T K S N D I N M O O
F S N A Q A R M E T L C I M N
P L T N V E B A G H E A G A E
R R A I S I N S P N T R R U T
E V L M E B V P K P E D E N I
E Y S A B W X E J A D I E D C
N B H T A E R T T U Y N D E B
I G I I Y L S A E M G A Y R V
N T B O X W O O D E U L K S Q
G X G N D E T R E V O R T N I
```

ANIMATION   INTROVERTED   PREENING
BOXWOOD   KAYAK   PRIVIES
CARDINAL   MAUNDERS   RAISINS
ENCOUNTERED   MEASLY   SPECIMEN
FILETED   MONUMENTAL   TESTIS
FLAMBES   PARTNER   THESAURI
GREEDY   PERSONAL   TREAT
HORIZONTALS   PHONETIC   WORRIES

Puzzle #57
Assorted Words 57

```
I P R O F A N E L Y G L J Q F
N F M S R E T F I S N M F J D
X O P U T I M P A N I S T M C
B G A C L S H I R R I N G S O
U C R S R E L I M O M A C P X
I M S I E E D O O W H S U R B
W K E G J S E I F I X O T E D
P A R I N G C P A M I A B L E
D J M F A C E L I F T S G I B
S N U G H S A L F N Z U R D M
T T E V K X F U N N E R A E I
A N I M A T O R W P U S Y B W
Q E M V E P H S O H C Y S P F
K I M M A T E R I A L N Y I H
T G N M E D I T A T E J R J K
```

AMIABLE
ANIMATOR
BRUSHWOOD
CAMOMILE
CREEPINESS
DAVIT
DETOXIFIES
EMEND

FACELIFTS
FLASHGUNS
FUNNER
GRAYS
IMMATERIAL
MEDITATE
MULED
PARING

PARSER
PROFANELY
PSYCHOS
SHIRRINGS
SIFTERS
TIMPANIST

Puzzle #58

Assorted Words 58

```
I S F B M G Y D E F E C T E D
V U T D U M P I E S T W L N L
F D C N O E G D U M R U C Q N
R R R D E V I N N O C H Z E E
E A O M A I P E E L S R E V O
I T S A C Y C A R U C X R F T
T I S R C S A I I U D U Q D N
E O W S E T R G F N B F G D O
R N A H S V E E N F I E U M S
A A L A S C E S D I E N T X L
T L K L I R R I D N L O T Y A
I I U L B C Y Q L N I F C H T
O Z D E L V K Z C E A C I X S
N E Y D E K A O R C B H A R J
S S Q S C I N O R T C E L E T
```

ACCESSIBLE
BELIEVERS
CAREER
CINDERS
COEFFICIENTS
CONNIVED
CROAKED
CROSSWALK

CURACY
CURMUDGEON
DEFECTED
DUMPIEST
ELECTRONICS
HANDSET
MARSHALLED
NINTHS

OVERSLEEP
RATIONALIZES
REITERATIONS
SLATS
TRIFLING

Puzzle #59
Assorted Words 59

```
N J U D S M E D I C I N A L S
S S T A G E H A N D S Z K M P
S H R F R L S P D T A B B E D
H P T E S E Q U A L I Z E R P
I Y E R R K I G B U K L A I A
G S S E I E C H E I O V S D R
H G E E C B G O S E N S B I L
L R N I T H D N S U K M B A A
I W E I F A O L I S C I O N N
G E N P D E N G I L A U E N C
H B A G U O D I U H O C E S E
T U L I P S R K M S C R F U T
E H A D I N G E R U I Z G N Z
R I M C R E M A T O R I U M S
S R O T C I D E R P M B T U C
```

ALIGNED	GEEKIEST	PREDICTOR
CASSOCKS	HADING	RUMINATES
CHILDBIRTHS	HIGHLIGHTERS	SPEECH
CREMATORIUMS	LINGERERS	STAGEHANDS
CUSHIER	MEDICINALS	SUPER
DEFIES	MERIDIAN	TABBED
EQUALIZER	OMNIBUSES	TULIPS
ERODING	PARLANCE	

Puzzle #60
Assorted Words 60

```
O C T D G R R E A C H I N G K
C O N C E N T R A T I N G J R
A R S H F L I D W K P W X H K
T R H N E F I P E O U J F Y I
L E Q N O Y R A P F N V C S H
A C R Y H I C E S O R N K P I
S T E A D V T D I M R A I D M
E E S R B E F A L L S D C M P
S D I P E Y L W L W D L J S R
L G G M A D Y O U U J D V K E
S A N W R M R P S C M I U V S
J J I I D A L O C A L E D C S
B E N R S O W O S A Q N R I I
H L G L S N O M M I S R E P N
Y A W A R A F V A I D B W F G
```

ARMIES	DROPPING	RESIGNING
ATLASES	EMULATIONS	SAILED
BEARDS	FARAWAY	SCARFED
BEFALLS	IMPRESSING	SOLED
CONCENTRATING	LOCALED	
CORRECTED	MINNOW	
CUDDLIER	PERSIMMONS	
DISORDER	REACHING	

Assorted Words 61

```
C D S C H T S L A N R E T A P
I L P E E A L T P O F T M T T
T V L N I B R W O G G J U O R
A J O A S N I V M O X O T S A
D L E A B E O E E B C Q A T I
E O X E Q T G B S S A L B E T
L C O I N C I D E N T A L N S
S T S S E L T P O N A S E T K
G C S E U O R P S D L S Y A R
T N I E N N R O T C O D M T A
D C I M I I B Q P D G S O I S
A E P Y I K L A W H U T U O H
L W W X A L A P T C E C Y U E
V P A O V W U E S H R C Y S R
V B W A R Z S B L D E G N A P
```

BULIMICS
CATALOGUER
CITADELS
COINCIDENTAL
COOTS
DOCTOR
DODGES
EBONIES

HARVESTS
LEAKIEST
MUTABLE
OSTENTATIOUS
PANGED
PATERNAL
RASHER
ROWED

SPITBALL
SPLINES
SUNBATHE
SWAYING
TRAITS

Puzzle #62

Assorted Words 62

```
F M A S H E R S T F I L P U R
B N P T S V T G B Z I X F H O
N W T P R S K A N U O N R F F
S G G E O M E T R I E S O V N
R P L S R T S I S O K P T G G
E R S P E O S P R I I N H Y J
A O E L T I V E U R R L I T E
W R S A R G N I K R A A E L O
A A S N S P N A B C T M S M S
K T I E J G I I P R I E T I A
E I O D D D N Q T M E U D N R
N N N A D B B U U R O H Q C M
E G E L I V I R P E O C I E O
D V N O I T A N G I D N I Q R
M A R K S M A N S H I P S E S
```

AMELIORATE	MARRIES	REAWAKENED
ARMORS	MASHERS	SARIS
COMPANIES	MINCE	SESSION
FROTHIEST	PIQUED	SLINKING
GEOMETRIES	PLANED	SNORTING
HERBIVORE	PRIVILEGE	SPURTED
INDIGNATION	PRORATING	UPLIFTS
MARKSMANSHIP	QUICKEST	

Puzzle #63
Assorted Words 63

```
S E R U M S T P I R C S B U S
Y A Q E T Y B O L I K S V H V
S G R E I T R A N S I T W D E
K R D D S P G A C C C A R Y U
D O E O I X T O N O U T E N N
F I O I T N S V M O A I E L Q
S L A G H S E T Q K I S L O U
A E E M Y S E D U B Q T E L O
U G N S E D A K C O C I C F T
S C Y A H T E C E O H C T I E
A N F L R L E L H K Y S I N D
G R O D J B Y R B L Y J N E J
E Z J S Y P M F S B G W G R G
D W G W A I F E D E O T P I T
S E L C R I C I M E S G D P L
```

CASHIERS
COCKADES
COOKBOOK
DIAMETERS
DICTIONARY
FINER
FLESHLY
GOBBLEDYGOOK

KILOBYTE
MEMBRANES
REELECTING
SARDINED
SAUSAGE
SEMICIRCLES
SERUMS
SHOUTS

STATISTICS
STODGY
SUBSCRIPT
TIPTOED
TRANSIT
UNQUOTED
WAIFED

Puzzle #64
Assorted Words 64

```
D J O U R N E Y E D U E J T T
S T S S E N I T L I U G P E W
P E R C U S S I O N C L G R I
J I P O T E T H I C A L L Y P
P K A U V F G N I P O O H E U
O O B I O A D F E V R Q A M R
D U G U X R S A T K E T U L P
S E T K R B T T Y R O L A V O
T P K B A R R T N T U M P H S
I E N C O E O I D H I M D L E
F W Y B A U N E T T A U P X L
F B D V K P N S M T C V R E Y
E Q D U Q O X D P I L L I F D
N L W B B G N I T U P E D N D
S E Z I R O M E M E V S R G G
```

BRITTLER	GUILTINESS	PURPOSELY
BURRO	HAVING	SAVOR
DEPUTING	HOOPING	SNEAK
DULLER	JOURNEYED	STIFFENS
ETHICALLY	MEMORIZE	TROUPES
FATTIES	OUTBOUND	TRUMPED
FILLIP	PACKED	VALOR
FRUITY	PERCUSSION	

Assorted Words 65

```
X D U S T B I N S E L D D I M
K L A I R O T A U Q E M H R C
Q O R H R E Y L S X Q H A E H
E N P R I E S T E S S T T K E
G N I Y E C V N I P U Z C I E
L G S K I H O A E L V V H N S
A R U L P O E X D D I I E D E
N W O D P M A L C A N C T L B
T T Y B O P U F P S C O O E U
I W V J F S E B D M H N C D R
N R X Z T B N O G L I G B Q G
E Q E E V Q O O J U L D U R E
K K U Q S T N E N O P X E O R
W U R K K C E D E B B H J B R
D I D A C T I C S A E R I P S
```

BEDECK
BOOED
BUMPKIN
CADAVER
CHEESEBURGER
CHOMPS
CLAMPDOWN
CONDENSERS
DIDACTICS
DIMPLE
DOCILITY
DUSTBINS
EGLANTINE
EQUATORIAL
EXPONENTS
HATCHET
MIDDLES
PRIESTESS
REKINDLED
ROUGHS
SLYER
SPIREAS

Puzzle #65

Puzzle #66

Assorted Words 66

```
J H N D S P X E G U F E R I B
C Z D D Y U R E H N R J P R N
T I U S E X P O R T I N G T E
I I N I N S L S J E M K M S F
N N C D R O U A N E S L U A L
S T T W U R I O C O C I L L Z
E E G E I S I T R I O T U M F
N R N Y R N T T I G H S I R A
I M O I M L C R A B U T S O B
L I G Q N I A U I T M C Y A N
E N I Y Z A S R R O I A A M B
M G B Z G E Z S D R U O L J N
R L K S B N P Z I S E S N W A
R E I H S R A M E V M D L S B
J D H C U F I T G M E P S Y J
```

AMBITIONS	INTERLARDS	REFUGE
BASSOONS	INTERMINGLED	SENILE
BRUISER	IRRITATIONS	TANGY
EXPORTING	MARSHIER	
FLUKING	MEZZANINES	
GROUSED	MISSIVE	
INCURRED	MYTHICAL	
INDUSTRIOUSLY	PROJECTION	

Assorted Words 67

```
G R J D X D A E H K C A L B H
R D E D E Y X O P E L C C R H
P E I S M S T W M C A A C W I
P S M L U S S W Q A S L G L M
L X P A H T E O G R C L E T B
O J V U R G B I R I H I Z R E
C P I D K K H O Z C N L Z R C
A O A A N O I S N A P X E E I
L L N N C K O D M T R M N A L
S E D U V F P H T U L C I M I
N S S M B E T A P R I T X E T
I T E M E N D A T I O N S R I
P A K I O F K B U N G H O L E
P R E T A I T A R G N I G S S
Y G M M S N O I T P M E X E S
```

BLACKHEAD
BUNGHOLE
CARICATURING
CRAZIES
CROSSED
EMENDATIONS
EPOXYED
EXEMPTIONS

EXPANSION
EXTIRPATE
HEALER
HOOKUPS
IMBECILITIES
INGRATIATE
LAUDANUM
LOCALS

OBTUSER
POLESTAR
REAMER
REMARK
SNIPPY
VIANDS

Puzzle #68

Assorted Words 68

```
G N I L K C U N K Z T E H P W
P N Y P L W M E M O R A N D A
I K I L S O F G E N N K W S U
G G I V T T J L N S B T J U S
G I N B A N D W A G O N S F A
Y N H E H H A B Y K Z C B F R
B H I R L G E I L L E C U I E
A A B L O Z V B L F B A W C M
C L I F T K Z L Z L D M X E I
K A T L T R G E G H I E I S T
M T S U X C O A B H B R S N S
I I C E S G P H X M E A B U F
Q O K A T F O S C H E S Z E F
T N R E T U P M O C O R C I M
V G A F I M P O R T U N E D Q
```

BANDWAGONS
BEHAVING
BIBLE
BRILLIANTLY
CAMERAS
CHORTLING
EMBEZZLE
FLAKE
FUSED
IMPORTUNED
INHALATION
INHIBITS
KNUCKLING
MEMORANDA
MICROCOMPUTER
NIMBLY
PIGGYBACK
REMITS
SUFFICES

Assorted Words 69

```
S M E L L I N G N I B M U N Y
L U P S Y C H O L O G I E S S
O U V A P O L O G I Z I N G L
R L P P S T N E M L I A R E D
D U A P P E A S E M E N T S K
L M R W T D F B X P X G H O
I P M P D I E O U R H Z H W Z
E I A T N E M H C N E R T N E
S S T A U N T E D E K V V G Z
T H U Z N F Z H O L D I N G S
P F R I G H T I N G N V E S X
G L I G R E A T S W M I F R N
O E N O I S A V N I Q Y D S P
M L G F L A T T E R I N G L Y
L M O T O R B O A T S T J P E
```

APOLOGIZING
APPEASEMENTS
ARMATURING
DECODES
DERAILMENTS
ENTRENCHMENT
FLATTERINGLY
FRIGHTING

FUNKIER
GREATS
HOLDINGS
INVASION
LORDLIEST
LUMPISH
MOTORBOATS
NUMBING

PSYCHOLOGIES
SMELLING
TAUNTED
VERBS

Puzzle #70
Assorted Words 70

```
S C O N V E X E D Z F W L W R
W E O S E V X N C X L E L N W
A N K M E L F A S C I N A T E
M C F A M A B D E F R C M W P
I R D E F A D A E U T H A P R
E U Y E N U N N T M S E S B O
S S G L T B T D U P M S O N S
Y T E N I A A N S S A I I E I
G A L S I R B M F N O D R T E
K T R K S T A R A L O H A B R
V I Q S T A I R E Z I T B I V
M O T T L E B R T C I P T A C
S N E E R U T H W N A N E U J
S T R I N G I N G E O X G I B
Y L L A N O I T A R R C E F Z
```

ADAPTABLE
ALOHA
AMAZING
BASSES
BRIMMED
BUTTONS
COMMANDS
CONTRARILY
CONVEXED

ENCRUSTATION
EXACERBATED
FAKES
FASCINATE
FLIRT
LLAMAS
MOTTLE
PROSIER
RATIONALLY

REWRITING
STAIR
STRINGING
SUNDAES
SWAMIES
TISSUE
TUREENS
WENCHES

Assorted Words 71

```
E L U O J F S T R O N T I U M
C Y U A S T O U N D A E Y P V
O Y L N A M N U Y R R A M E R
L B S T E R I L I Z E S A R D
O S E S P I L L E I T X E F O
G V Z E A M T N E R A Z L J V
I U A U T H O R I T I E S I E
C M K H I I C M E S N T T D R
A S P R U I K O S C U C R E S
L P V O S W I M M I N G O A T
B Z O T R A C K C N N O M L A
S S A L C T U O I C M G C I T
Q U I N T U P L E T S N L Z I
G N I R E H C L U P E S F E N
S H M D L P U P P I E S Z D G
```

ASTOUND
AUTHORITIES
CONCERTI
ECOLOGICAL
ELLIPSES
IDEALIZED
IMPORT
JOULE
MAELSTROM
MOCHA
OUTCLASS
OVERSTATING
PUPPIES
QUINTUPLETS
REMARRY
RETAIN
SEPULCHERING
SINGLE
STERILIZES
STRONTIUM
SWIMMING
TRACK
UNMANLY

Puzzle #72
Assorted Words 72

```
B L H Y B R I D I Z I N G W B
C G N I S R E P S R E T N I W
O H O U S E C L E A N S F D G
L G Y A N O I T A T N E D N I
O B B E C B T U R B A N S C F
N V I T N C N E X E L P M O C
E T A N I R O L H C X P G H U
L E W Q Y Q A U P R A I S E S
S R E L A Y O L N J Q O Y S G
G N I G G U L P B T M I R I W
M Y M S I T I R O V A F Q V H
Q K A E S T I M A T I N G E V
T E L B A C U D E H E R C L C
I L L U S T R A T O R S W Y J
W P N C H N Y L E S N E M M I
```

ACCOUNTANCY
BLARNEY
CHLORINATE
COHESIVELY
COLONELS
COMPLEX
EDUCABLE
ESTIMATING
FAVORITISM
HOUSECLEANS
HYBRIDIZING
ILLUSTRATORS
IMMENSELY
INDENTATION
INTERSPERSING
LOYALER
PLUGGING
PRAISES
TURBANS

Puzzle #73

Assorted Words 73

```
M M T W E L U S I V E E E S Z
P O A S C V R Y E W U X P W O
K T O B S C I E R E I U E A W
X H A R J E L T I E D E L R H
P B G C G E N O P L W L O D T
I A L A C E C I U E T O E S G
N L E E M U D T R D C S H S R
C L T N R D S I S T I E I S S
U S A N C E S T R A L E D R O
R M D W J Z H D O B I A S R G
R E D E R I T P H M W M P T U
I V D E P P I K S D E G G O F
N E S R A E H E R O G D V V O
G Z Z E S E G A E N I L V T G
E G A I R T O Z T A M B U K D
```

ABJECTS	EXERT	REHEARSE
ACCUSTOMED	FOGGED	SEEDLESS
ANCESTRAL	GRISTLIER	SHOWERY
BIOSPHERE	INCURRING	SKIPPED
BRIDEGROOM	LINEAGES	SWARDS
CLOUDIEST	MATZO	TIREDER
DECEPTIVE	MOTHBALLS	TRIAGE
ELUSIVE	PALTRINESS	

Puzzle #74

Assorted Words 74

```
H Q B T D E D U L L A P O S U
S T E E W S D I S C R E E T X
N H E Y G N I B M O B E R I F
E G S R E L G G U M S A D K P
E N N T B L A C K B O A R D S
D K N I E D A L L I S U F S E
L I Q O H O F E T N B F D U E
E T V F T C R E L E U R C B T
S T S R E G A W O D B T B S H
S E U W D C X O N S B O C O E
R N L S S E N K C A L B I N S
O I B Z M E P O U L I W H I Y
G S R R Z O K O C E N R O C S
U H D L N U N A O S G T Y B X
R A B I E S G H M L M A J Z N
```

ALLUDED	DISCREET	NEEDLESS
BLACKBOARDS	DOWAGERS	RABIES
BLACKNESS	FIREBOMBING	SCONCE
BOWLS	FUSILLADE	SEETHES
BUBBLING	GUZZLES	SMUGGLERS
COACHING	KITTENISH	SUBSONIC
COMBINE	LOOPED	SWEETS
CRUELER	MAKES	TONNE

Assorted Words 75

```
T E Q K E L E C T R O N I C S
R U Z E H T Q S E X E L F E R
D S A T W Q U A F F S O N I E
S C O L L A B O R A T E S S A
E G W A M S D O R P H A N E D
L W N I E U T D L G M R J C A
F T S I L C Y C I B U P S R H
S A H S L D X R A N N H H E G
A V S F E L E R E R G O H T P
M O U C X N I B E H F N B E Y
E W Y H U D D F E I T E T D K
G E N I L U S N I E T A R Y F
O D G N I Y R W I Y S A E R G
T C A R F E R O L L V T E F A
Z O O M O P M O P H B B R M T
```

AVOWED	GREASY	REFRACT
BICYCLIST	GROUT	REFRACTS
BLINDNESS	INSULIN	SECRETED
COLLABORATES	MEATIER	SELFSAME
EARPHONE	ORPHANED	UMLAUT
ELECTRONICS	POMPOM	WADDING
FEATHERY	QUAFFS	WILDEBEEST
FILLINGS	REFLEXES	WRYING

Puzzle #76

Assorted Words 76

```
F I F S E C P P S N O O P E D
I Q D S G G A R R B D L N A E
N C K L R L Q R E E T E J B V
S M E K F O U R E C D D B C O
U Y I S T S T B E L I I K O U
L M O X I S E A I I E S C K R
T W M L K A E C C N D S I T E
S O S J P K R K I I G N S O D
M S D G A E C P C L L Z A L N
I A S S E N D A B I A P F H Y
X P L U F V N C L V S H P G J
E P N S K L W K P B N A C A R
R E X X Z T S S I M P L I F Y
Y D U A G S U O I U Q E S B O
G I M P A T I E N C E S Y R Y
```

APPLICATORS	GAUDY	PRECISION
BACKPACKS	HANDIER	PREDICT
BADNESS	IMPATIENCES	ROBED
BLACK	INSULTS	SAPPED
CARELESSLY	LUBING	SICKEST
CHALICES	MIXER	SIMPLIFY
DEPLOYS	OBSEQUIOUS	SNOOPED
DEVOURED	PRAISE	

Assorted Words 77

```
G K U A E T N A M T R O P Q V
C N H R S P S A M G O D C B O
S G I D Y L S U O N E V A R S
Q E N V E L O P M E N T M E A
Q V I I L P Q E J A O B B O T
U B F R M A R O K Y D O E K I
E P E H O R H E A B S O R B S
S H Y T V T A R C M L G E S F
T N O B O V S F B A A I D C Y
I B I S R D C V O Y T E U U I
O P P G A U C R I S P E Q R N
N T P M I N N E G I B E D F G
E J W L U R N C N T V F E Y S
D E E Y H F O A H A T W F W R
N N O I S N A C S E I G G I P
```

ABSORBS	ENVELOPMENT	QUESTIONED
ANECDOTE	FARMING	RAVENOUSLY
BOOGIE	GIBED	SATISFYING
BRUNCH	HALVING	SCANSION
CAMBERED	HOSANNAS	SCURFY
CRISP	ORIGINS	STORIES
DEPRECATED	PIGGIES	WEEPY
DOGMAS	PORTMANTEAU	

Puzzle #78
Assorted Words 78

```
T B C A O Y N O T O R I O U S
E E K L F S G K G C I P O Y M
F Z B T G R D O U G H I E S T
A L I E W B A A L D M J B N W
C M E R W E M N O O M I Y A Q
E A I N U A G O C R X A X Z W
T E T A R T S N I H S O E Z Q
G H L T R E S E I S I S D I B
L T B I I R P I L O T S O E I
I I I V X E A M O I B L I R Z
U S T E E I S N I M T M Y N C
N S Z A C E R T G P L P I Z G
K C I S A E S S J E E W E L V
T S T O M P D S A P D N A R G
M U R M U R I N S T R U C T S
```

ALTERNATIVE	ELIXIRS	MURMUR
ARRANGED	FACET	MYOPIC
BEATER	FRANCHISING	NOTORIOUS
CATTIEST	GRANDPAS	PIMPERNEL
CROSSROADS	INSTRUCTS	REPTILES
DECEIT	LIMBOING	SEASICK
DOUGHIEST	MOISTLY	SNAZZIER
DOXOLOGY	MOISTURIZE	STOMP

Assorted Words 79

```
I S S S H A Y L L U F Y O J F
N D Q E K C M L O V I N G S I
T E R U T C N U P U C A J I R
E R T U N A A I S X X M D G E
R I K A S O L B F E N K X H S
R S P E D E I U H S M T D E T
A I F X L O T T C C X E X D O
C V E N M B M T A R N S N G R
I E A A E R I M E C I U N T M
A M T H J O I G O K I C H G S
L U U P O L E M I C S L C R S
C K R E I L B M U R C I P O D
U D E L B B I N S F I A D U E
W N D G L F R I Z Z E D L T D
R E L E C T R I C I T Y X H T
```

ACCOMMODATE
ACUPUNCTURE
AMUSEMENTS
CIRCULATES
CRUMBLIER
DERISIVE
DIRIGIBLE
DISKETTES

DUPLICATION
ELECTRICITY
FEATURED
FINCH
FIRESTORMS
FRIZZED
HUNCHBACKS
INTERRACIAL

JOYFULLY
LOVINGS
NIBBLED
POLEMICS
SIGHED

Assorted Words 80

Puzzle #80

```
C G H T C P O L A R I T Y D O
G S N R G O K V T O G A S E B
T E N I C N L T U P T U O V S
H N S B R O I L E D G V Q E C
P I E T E U C S A C T I U L U
A G C M I D C K S R U A N O R
P L E K P C C E I E B D X P I
E O S Z O M U L S E R O E E T
R A L T I R A L O E R P N D I
W M E R B L I C A T I I X E E
E I E I Q N A E N T H N W E S
I N K P T D R N S E E E N H J
G G E L F O R C I N G S S E E
H F S E S E T U L F V P K O P
T U T Y F A H U M A N I S M K
```

BEDCLOTHES
BROILED
COCKIER
COLLARBONES
DEDUCE
DEVELOPED
ENCAMPMENT
EXPRESSING

FINALIZE
FLUTES
FORCING
GESTICULATES
GLOAMING
HICKORIES
HUMANISM
OBSCURITIES

OUTPUT
PAPERWEIGHT
PENNIES
POLARITY
SECURING
SLEEKEST
TOGAS
TRIPLE

Assorted Words 81

```
S Z Q M R E F I T T I N G K D
S R Z A S Y T H A W I N G S A
S K E S N E V I L D N Y I Q C
D T N T E S H B W U B P M U N
D O S U S K E C L P R O P E R
D K W A M A D T A U U R U A D
W C I N E P C E A E R M R L I
A N K T S Y I S D C P T E S A
L D K S E I L H T N O M I B Z
L H T M P S Z V C R I L I N H
E C N E R E F E R P O C S J G
T A B L E L A N D S R P S I F
Y L B A T C U L E N I R S E D
M X H G N I L I A T N E R P R
F N T N E M T R A P E D R G M
```

BIMONTHLIES
BLURTING
CHIPMUNKS
DEPARTMENT
DISLOCATES
DOWNSIZED
ENTAILING
IMPEACHES

IMPURE
INELUCTABLY
KITES
LIVENS
PREFERENCE
PROPER
REFITTING
RESCINDED

SPORTSCASTERS
SQUEALS
TABLELANDS
THAWING
WALLET
YEASTS

Puzzle #82

Assorted Words 82

```
G Y Y T Z P S G N I R A P H X
C T Z L S V S E U Q I L B O P
H A N O L E S U O R R A C L Z
O W L K F A G N S O C I A L V
R N E L T E C I W R E S T E D
E T O N A A T I D K Q E Q R A
O R V I O B O A T I N G G I S
G A E R T T L G G E S L I N C
R I N S Z A S E A I L O B G E
A P Y U F Z T L N Z T H R O N
P S D S B G O C I Q P S T T D
H E O D O W N B E A T A A A A
S D R O W S S A P L H W C C P
M I O E S T I M A T E S S H N
G L U L N A S E C O I D Q V O
```

ASCEND
ATHLETICALLY
BOATING
CALLABLE
CARROUSEL
CASTIGATE
CHOREOGRAPH
DELECTATION

DIGEST
DIOCESAN
DOWNBEAT
ESTIMATES
GAZPACHO
HAILSTONE
HOLLERING
OBLIQUES

PARINGS
PASSWORDS
SOCIAL
SORTA
TRAIPSED
WRESTED

Puzzle #83
Assorted Words 83

```
U T E R U S E S C G I S P H S
F I N I N G L P V L B P C G V
R R U E O T Y X K O P E L P B
M W I B M D A R X P L E M L H
W W C E G T C E A P H D I O A
E R H K S N R Q S I Z S N P R
L D E D A C S A C N D T I S M
O S A D E M Z K P G U E S O O
C W T E N G S U N E M R T R N
U E S G R I N Y Q A D S E A I
S A X J A Z C I A K R I R T C
V R E P G T F D M D P F I O S
I E Y T I S E B O M Y J A R X
P R S E N O H P O Z A A L I A
D S D C G S H N Z L F J P O I
```

CASCADED
CHEATS
CINDER
DEPARTMENT
DIARY
ENRAGING
FINING
FRANKS
FRIES
GLOPPING
HARMONICS
JAMMING
LOCUS
MINISTERIAL
OBESITY
ORATORIO
PAYDAYS
PHONES
PLOPS
SPEEDSTERS
SWEARERS
UNSEAT
UTERUSES

Puzzle #84

Assorted Words 84

```
C H E C K E R B O A R D R G R
G U Y A H F M E A G E R L Y T
R N I A L I N T E G R A L S O
H E I S H A C E C F F O N U R
W I V T I J C K L M L L V F Q
M Q M E S N O I A G I Q J N U
E I J V R O E L T D G D C I E
T L O R D S H I P A E U W U S
A C Y V N A E G H J M E N A J
S C U F F L E D U K P M S S Y
T V Z D G B G D G N I R A E H
A F Z M U I N E C S O R P R S
S I V F Y N S E S U F F I D G
E F U R L O U G H E D M L L M
S N F P A S P I R E B Q L R G
```

ALBINOS
ASPIRE
CHECKERBOARD
CHICKADEES
CUISINE
DIFFUSES
FURLOUGHED
GHOSTING
GRAMMATICAL
HEARING
INTEGRALS
LORDSHIP
MEAGERLY
METASTASES
MIDWAY
PROSCENIUM
REVERSED
RUNOFF
SCUFFLED
SNUGGLE
TORQUES

Assorted Words 85

```
T  S  S  L  R  T  S  E  I  D  D  I  G  K  J
J  G  A  E  Q  S  F  Y  F  I  T  L  U  T  S
G  Y  W  N  U  U  R  A  F  W  O  Z  G  U  H
Q  C  L  L  D  N  A  E  R  N  V  Y  S  F  H
I  J  R  B  A  B  I  G  T  C  O  O  K  S  V
D  N  G  O  I  N  A  T  M  L  R  D  U  D  J
A  E  D  C  S  S  O  N  N  I  A  I  F  O  M
T  N  T  I  I  S  U  I  K  O  R  H  A  P  K
A  L  U  A  S  B  R  A  S  B  C  I  A  T  F
I  A  U  A  C  T  U  O  L  N  U  S  N  O  L
L  R  Z  F  S  L  I  R  A  P  E  N  Z  G  O
C  G  C  E  N  B  U  N  E  D  M  M  T  E  W
O  I  S  Z  Z  I  F  C  C  H  I  I  I  S  E
A  N  E  P  I  W  S  B  N  T  C  N  R  D  D
T  G  Y  L  D  N  U  O  R  I  F  P  E  O  I
```

- AIRCRAFT
- BUNTS
- CHERUBIC
- CONTINUES
- COOKS
- CROSSROAD
- DIMENSIONAL
- ENLARGING
- FLOWED
- GIDDIEST
- HALTERS
- IMPLAUSIBLY
- INCULCATED
- INDISTINCT
- QUAGMIRING
- ROUNDLY
- SANDBANK
- SAUNA
- SINFUL
- STULTIFY
- SWIPE
- TAILCOAT

Assorted Words 86

```
S E R M O N G N I W A R E V O
O R E A C T I V E F C R U B R
D E T A C I D E D E R E T G R
T G S R E L B B I N O Q A X H
E H N E I C I I N F S I B T E
N B I I G T B F W L T J R H T
S U N T T A E K E U I R M I A
E E M Q C R V R A S C O T E I
S T V U R H A A A H A M C V L
T R W I H E H P S T H V T E G
D A A N L G N I B B I L E D A
R S S T V T V N K U O O Y R T
V H H E B D U U I E Y C N B E
D E E T W L V O R W S Y J S D
Q S S S O U T S K I R T S N B
```

ACROSTIC	NIBBLERS	SAVAGES
ASCOT	OUTLIVES	SERMON
EXTRA	OUTSKIRTS	TAILGATED
FLUSH	OVERAWING	TENSEST
HITCHHIKES	PARTING	THIEVED
ITERATIONS	QUINTETS	TRASHES
LIBBING	REACTIVE	WASHES
LIFESAVER	REDEDICATED	WINNER

Puzzle #87

Assorted Words 87

```
B G S E C N E R E F E R Q X P
E Z I R A L U P O P C S P E R
S A Y S T R F U R N I T U R E
T H E L T S P D O H Y M O E S
I L A H E N L L E U E V C S S
G S X P F E E A X K N M B U U
M J H U E E T L M Q R W Q R R
A C D A S D T N A R R E V R I
S E R E H W R L E V O O P E N
M I L E R S T M H G I F P C G
F S R E N R E T S A E U J T N
D Z V A I L A T I N E G Q S C
I D Y L L S E Z I L A U Q E E
M Q G N I T A C I L P M O C V
T I I M P O S S I B L E D C R
```

BIZARRE
COMPLICATING
EASTERNERS
EQUALIZES
EQUIVALENTS
ERRANT
FORMAL
FURNITURE
GENITALIA
GENTEEL
IDYLLS
IMPOSSIBLE
MILERS
PERKED
POPULARIZE
PRESSURING
REFERENCES
RESURRECTS
SHAHS
SHAPED
STIGMAS
WHERE

Puzzle #88

Assorted Words 88

```
N  D  U  G  Q  B  U  C  C  A  N  E  E  R  X
P  O  E  U  X  U  K  G  H  V  D  L  T  R  U
U  L  M  D  B  F  R  D  N  A  C  E  N  W  C
T  E  J  I  N  F  V  H  M  I  N  Z  W  D  K
R  F  D  L  N  E  A  L  Z  U  T  G  T  A  R
E  U  Z  U  B  T  P  I  C  K  E  T  E  D  Y
S  L  J  R  E  I  N  E  C  O  D  F  I  S  H
C  E  S  I  A  N  X  A  D  E  G  R  U  M  R
E  Z  L  N  L  G  W  S  R  Z  R  I  M  Z  E
N  B  U  G  A  G  E  Z  H  R  A  S  U  Z  S
C  G  M  M  I  O  P  U  L  A  E  K  T  P  C
E  I  P  R  R  E  R  X  W  G  M  I  R  A  R
M  K  Y  J  M  G  V  H  A  C  K  E  R  Z  O
K  P  A  T  C  H  I  N  E  S  S  R  D  D  W
U  K  R  D  H  P  E  R  I  T  O  N  E  A  I
```

BUCCANEER	ESCROW	PICKETED
BUFFETING	FRISKIER	PUTRESCENCE
CHANGES	HACKER	ROANS
CODFISH	INVEIGLES	SHAMED
DEPENDED	LUMPY	URGED
DOLEFUL	LURING	YAWED
EMITTING	PATCHINESS	
ERRANT	PERITONEA	

Puzzle #89
Assorted Words 89

```
T S G N I L U R P A R A D E D
H Q X R E L I N Q U I S H E D
E I M I C R O M E T E R S P S
A B W S E T O D C E N A O T P
T O N V Y T I R U C S B O S I
R S H A D I N G U L A G K X R
E W G N I T A L A C S E E D A
S C I S Y H P O R T S A O R L
E C A L P W O H S C I P S A I
W W T Q Q B E R I M G A U Q N
O O O X M P E N N O N S J P G
R N G E A M A Z E D E H S E M
K D G L A R O T C O D X P J H
E E L K R E I F I D O M Z J D
D R E P S E A S O N I N G S D
```

AMAZE	MESHED	RULINGS
ANECDOTES	MICROMETERS	SEASONINGS
ASPICS	MODIFIER	SHADING
ASSIGNED	OBSCURITY	SHOWPLACE
ASTROPHYSICS	PARADED	SPIRALING
DEESCALATING	PENNONS	THEATRES
DOCTORAL	QUAGMIRE	TOGGLE
GULAG	RELINQUISHED	WONDER

Puzzle #90

Assorted Words 90

```
P I H S R E V I E C E R S I U
P D E Z B W R J D E K C O N K
I X E E H A H S C L A Q I D W
K T G R R D L I J J G F Y I Q
G C S O E F E L B I J R G V A
T L I E P G E F E A I I P I S
Q E S T S Y U R A D C G A D S
L G N I S U L L A C R H L U E
Q A Z I N P O R A C E T I A T
R T E B B G I H E T S S S L S
Z E F G M A I D H G E P A I P
D E N E Z O C N P T G D D S R
T E M R U O G H G N A A E M E
D T H E R A P I E S H B T R E
F C R M I S C U I N G S Y S S
```

ASSET
BALLED
BATHHOUSES
CABINET
CALLUSING
CAREFREE
COZENED
DEFACES

DEREGULATED
DIPSTICK
FRIGHT
GOURMET
HIBACHI
INDIVIDUALISM
KNOCKED
LEGATEE

MISCUING
PALISADE
RECEIVERSHIP
SINGING
SPREES
STAGGER
THERAPIES

Assorted Words 91

```
X D A Q R J U G G E R N A U T
L D S Z N O I T S E G I D N I
W I B O O U T L A S T S O F E
A V G E Z G N I R O T C O R P
N E E N C N F L S L R A O B W
T R N B I B A O J O N G O A E
E T E W X Y R B R O P I Y O D
R E I T G S A I R E T E F A C
O D N H O U T L E A S R D Q R
O G V L J O U R N F G A T S P
M F E J H N B L O I L S I T H
A O N R U S H E S H U Y K L M
F M T S R A T S E D O L D A S
I A O K Y F I G R R R C Q Q M
V O R D E R I N G S F N Y Z H
```

ANTEROOM
BRIEFLY
CAFETERIAS
CAGIER
COHORTS
DEPOSITOR
DIVERTED
FORESAILS

FREEBOOTER
GARBANZOS
INDIGESTION
INLAYING
INVENTOR
JUGGERNAUT
LODESTARS
ONRUSHES

ORDERINGS
OUTLASTS
PROCTORING

Puzzle #92

Assorted Words 92

```
E R A T I O N A L I S M R W X
V M N O I T A M R O F N I P R
P E B T N Y R A N O R O C G F
E S L A C I M E H C O J A D I
X B L A S P H E M O U S L Y R
K B D E A T H B E D S T I C S
M A P P E A S E R A X O P A A
A N S T C I R T S I D R H R T
C V S R E L W O R P C M A N I
H I I F S P I E L H G Y T I R
I L R G V F O O L E R Y E V I
N E H Z C L C O P I E R S O Z
E D V E R U T A M N X Z G R E
S R E I Z A L G Y J M E T E F
A Y E R U S O P M O C S I D O
```

ANVILED	CORONARY	MACHINES
APPEASER	DEATHBEDS	MATURE
BASTS	DISCOMPOSURE	PROWLERS
BLASPHEMOUSLY	DISTRICTS	RATIONALISM
CALIPHATES	EXILE	SATIRIZE
CARNIVORE	FOOLERY	SPIEL
CHEMICALS	GLAZIERS	STORMY
COPIERS	INFORMATION	

Puzzle #93

Assorted Words 93

```
K D K S V K I N E M A T I C L
M H N P M U L E A G U E D P N
A N Y O N E M B C F W H O O U
C M U U D I E U Y E Y S L R M
X E S T I E E G O G M E A T I
G R I T I N T E R D I C T A S
H C H C E O S N R E A L R B M
M H D T E G Q O U C E U O L A
L A T I T U D E S O F D U E T
Q N A Z S S I I V N M E S S I
L T K J T O R E M R I N K S S
D E C N I W B U A J N U A W T
T D K T N E M E G N A R R A S
E T A D T S O P Y U P Z S B Z
D P X I Y P O L O N A I S E S
```

ANYONE	LATITUDES	PORTABLES
ARRANGEMENT	LEAGUED	POSTDATE
AUGURS	MEETS	RINKS
BRUIN	MERCHANTED	SECLUDE
DISOBEY	MIDGETS	SPOUT
IDOLATROUS	MOUNTED	WINCED
INTERDICT	NUMISMATISTS	
KINEMATIC	POLONAISES	

Puzzle #94

Assorted Words 94

```
F F F E S R E D N E T E R P X
S S O Y D E D I L L O C O U I
E N E G L A L E Y B R M U S E
L T S Z N L M T C B P U G S J
F C H Q I I I D T O N M H Y S
L B A G U N N S N A D B N F Y
E Y N N I A R E J A B E E O T
S F S C D L T E K L H R C O R
S M D D I L E T T A M S K T E
N T Q G E A I D I S W Q I I F
E Z G I J H K N I N E A T N I
S W A T T E S T G S G W W G T
S G N I Z I L A T I P A C T T
E G R E M E N I N G I T I S E
Q Q Y D E L B M E S S A S I D
```

ASHED
AWAKENING
BATTLES
CANDLING
CAPITALIZING
COLLIDED
DECODE
DISASSEMBLED
HANDMADE
MATTE
MENINGITIS
MERGE
PRETENDERS
PUSSYFOOTING
REFITTED
ROUGHNECK
SELFLESSNESS
SIDELIGHT
SILLY
SQUATTING
UMBER
WATTEST
WESTERNIZES

Assorted Words 95

```
W A L K O U T S B R O M I N E
P E N N I N G R E N I L C E R
C O V E R P O W E R S I U C U
S T N A R T S I N I M E Y Y K
D E D N I W S C T D P U E P R
V S A O V E U E D A E U A U G
R F A L P C X V I E R L O M J
P O N G A H H P Q D D E I R A
S S E N E T A L O S E D C A C
H P O J S M G S B S E E U A R
E S E C T I O N E L I E R C M
F H H W A H U M I D I T Y G S
D N E C N E R E F E R P O E S
V T I C O G N I N I P V C R R
W M A N T I P A S T O S V H Y
```

ANTIPASTOS	MINISTRANTS	RECLINER
BROMINE	OMEGAS	SCUDDED
CROUPIER	OVERPOWERS	SECTION
DESOLATENESS	PENNING	WALKOUTS
EXPOSITORY	PHASE	WINDED
GREEDIEST	PINING	
HUMIDITY	PREFERENCE	
MACERATION	RAILED	

Assorted Words 96

```
N O R H E L B A M I T S E N I
M O H K S H R I V E L S B N K
U I L G N I Z I T R O M A I H
S Z S Y A Y M P D E M I S E D
I Z E E N W H A C K I E S T T
C C T J S E I L F E S U O H V
I N O I T C N U J N I S O C G
A C E N F C G N I R E K N A H
N N S E G C A D D I E S I Y F
S E Y V O E U X A O J T S W T
H U J E I R S T G I J C T F X
A E Q Q T R F T N W Q X K A R
J U R G E S E B I R C S N I B
A J N B R J F C S N R E T S G
Z W A B S P A C K A G I N G E
```

AMORTIZING	HANKERING	PACKAGING
BASSOONIST	HERBS	SHRIVELS
BATTER	HOUSEFLIES	STERNS
CADDIES	INESTIMABLE	WHACKIEST
CONGESTING	INJUNCTION	
DEMISED	INSCRIBES	
FAMISH	MUSICIANS	
GOITERS	NYLON	

Puzzle #97
Assorted Words 97

```
R R Z B B S W A P W A P S S O
S G N I Y L L O C B T O U P V
D K H A T F U E L B A T P I E
R I T I D Y I B S K L P E T R
H E C H G L D D B A G Q R B Q
T S S U A H O E E E F N E A U
E G I U L P B U T K R E D L A
M J N G M L P A H A C I R L L
E W D M N E E E L B C A N S I
R A U V M E D P A L I H M G F
I V C S Z H D A S S U M E S I
T N E M N O R I V N E T B S E
Y T S E I H S R A M I R O O D
U T N A C I D N E M D G L X S
T T Q T S E I L D D U C J G C
```

APPEASER
ASSUMES
BIMBOS
BLUBBERING
COLLYING
CUDDLIEST
DETACHES
EDIFY

ENVIRONMENT
HIGHBALL
INDUCE
MARSHIEST
MENDICANT
OVERQUALIFIED
PAWPAWS
PELLUCID

RESUMED
SAFER
SIGNED
SMACKED
SPITBALLS
SUPERED
TABLE
TEMERITY

Assorted Words 98

```
V C O L O N S Q U A K E D S E
Y Y O U M Z R S C A L I L T X
P J R G N I N E T H G I T R P
E A S E Y C N A W B J G H I R
R W A G K F O O B O S G B D E
P I E D D O A L N R P X A I S
E O G T Z E O W O N A N B N S
T N U N A S C R B R E G A G I
R P E H I S R O D R A P M M V
A P S P Y K S E R E A T J X E
T O T L G V C I T U L C U O X
O Q S F V I P I S L M L E R X
R O T P A C P C P T A D A S A
S C R Q H R E E P T S E B P J
E V I D E N C I N G G K R U W
```

ALTERS	DECORUM	PENNON
ARDORS	EVIDENCING	PERPETRATORS
ASSISTS	EXPRESSIVE	PICKING
BRACES	GARBANZO	PIGPEN
CAPTOR	GUESTS	QUAKED
COLON	LILACS	ROOKERY
COLORATURA	MANPOWER	STRIDING
CRAFT	PALLED	TIGHTENING

Assorted Words 99

```
I G R C O M P I L A T I O N S
N P N F O S E L T S U R B Z I
T P V I B M U L V G V U I P M
E D G J Y L M S S S A E R A P
R Z E U K A A O S G W B T F O
M E I R R T D S N I N K H A R
I S L T E G F I P E C I P J T
N F C D I H L D L H R R L L A
G A D H D S T E R O E S A F N
L K U F D E N O S O H M C N T
E I C B T G M E B F W J E X L
D N I R O C C U S P B Z B R Y
N G N I T S O R F E D M Z M W
F X G E G N I V I W D I M U F
L I S T L E S S N E S S B P B
```

AREAS
BIRTHPLACE
BLASPHEMER
BOTHERED
BUZZWORD
COMMONERS
COMPILATIONS
DEFROSTING

DESENSITIZE
FAKING
FLINGS
GURGLES
HOLIDAYING
IMPORTANTLY
INTERMINGLED
LISTLESSNESS

MEDDLER
MIDWIVING
NARCISSUS
RUSTLES
SUCCOR

Puzzle #100
Assorted Words 100

```
D A N S C O M P E L L E D P O
R E N C E O B X B O H L N O V
A N F A X R L K W M F A R T L
C E P A C J U O M U M M E R S
C W C O U H A T N U C E S N N
O S Q O M L R B R I P N T L O
O P B L N P T O S U Z T O B O
N A L E H S A E N C N E C O P
S P B M Z C E D D I O D K N I
T E D E K O V N O C S N E G E
A R Z N J F P Q T U D M D O S
T E Q D N E U E X I R E S S T
I D E M O L I T I O N E D G O
O W E A K E S T E E R G D I S
N B S E T A M I T S E W E E S
```

ABSCONDS
ANACHRONISMS
BONGOS
COLONIZE
COMPELLED
CONSENTING
CONVOKED
DEFAULTED

DEMOLITION
EMEND
ESTIMATES
GREETS
LAMENTED
MUMMERS
NEWSPAPERED
NURTURES

POMPADOURED
RACCOONS
RESTOCKED
SIDED
SNOOPIEST
STATION
WEAKEST

Puzzle #101

Assorted Words 101

```
N A N Z H T N O I L L I M X J
L P M H P D E F F U C D N A H
X A S Y S H P A R G O E M I M
N T D E T A I L N E M E N I L
I R H E C I Q A I R E Z Z I P
G I E C V N C F O O T I N G S
H C D T L I E I A D S N Q H A
T I O G S J T I R I S Y T M T
S D N J V I C N N T T P M E D
H E I N F M R F E E N I R X A
A S S O O J O O Z C V E L A K
D T M R G U S N L I N N C I W
E I Q D D E S T H F P I O C M
S C H A N N E L I N G F C C E
W E E G A R R O T E D O F S J
```

CHANNELING HANDCUFFED PATRICIDES
CONVENIENCES HEDONISM PIZZERIA
CROSSER INCENTIVE WARPS
DETAIL LINEMEN
ECCENTRICITY MILITIA
FLORIST MILLIONTH
FOOTINGS MIMEOGRAPHS
GARROTED NIGHTSHADES

Puzzle #102
Assorted Words 102

```
W X S L A M I X A M Q V R H E
L S V C S K R A L W O D A E M
S O E Z A G E E T N E S B A B
S G D C N I N S T N E C Q H R
Z G N G E A S I N R I F I A O
S G N I E I M E R X S O X N W
J L N I R R P S N E G K P I B
N G A I D T S R E M T H S P E
E M N M L L S M E N A S P B A
U Q E I I D E T A T I G O C T
T Q N T L N R G R B N L R F I
E T P N H I A U H A K E C L N
R E I D A E T S C P E I C J G
S L E R U T A E F Y H H V L Q
O L V D E M A G O G U E R Y M
```

ABSENTEE	CURDLING	MAXIMALS
AMNESIACS	DEMAGOGUERY	MEADOWLARKS
ANIMALS	FEATURE	NEUTERS
APPOINT	FOSTERING	STEADIER
BROWBEATING	GELDINGS	TILING
CENTERPIECES	HEARTSTRINGS	
CENTS	LINESMAN	
COGITATED	LODGERS	

Puzzle #103

Assorted Words 103

```
R  C  I  C  A  T  R  I  X  E  S  X  J  P  I
G  N  I  K  A  E  R  B  E  S  U  O  H  V  M
I  B  O  D  S  S  E  L  E  P  O  H  G  C  P
S  T  A  I  R  Z  F  L  I  M  S  I  L  Y  A
S  L  A  C  S  A  R  J  A  Z  C  H  Y  T  L
L  R  L  T  S  E  D  U  R  C  R  E  D  A  P
A  C  E  O  Y  A  Z  H  O  S  V  A  E  X  A
N  F  A  P  D  N  L  I  L  A  I  V  P  P  B
D  T  S  S  E  N  E  I  R  F  V  E  R  A  L
O  A  T  L  A  E  Y  M  T  E  Z  N  O  Y  E
W  M  W  U  D  X  K  C  Y  H  T  X  G  E  P
N  A  I  M  L  E  V  K  I  R  I  U  R  R  D
E  B  S  M  O  D  K  N  O  L  I  U  A  Y  V
R  L  E  E  C  J  W  E  J  O  O  A  M  C  V
S  E  A  D  K  G  N  E  M  V  B  P  D  L  F
```

ANNEXED
BOOKKEEPERS
CAUTERIZES
CICATRIXES
CRUDEST
DAIRYMEN
DEADLOCK
DEPROGRAM

EMCEE
FLIMSILY
HEAVEN
HOPELESS
HOUSEBREAKING
IMPALPABLE
LANDOWNERS
LEASTWISE

LITHIUM
POLICY
RASCALS
SLUMMED
STAIR
TAMABLE
TAXPAYER

Puzzle #104

Assorted Words 104

```
D  M  C  H  N  R  E  M  I  S  S  I  O  N  S
R  E  G  R  E  S  S  I  O  N  S  L  V  W  J
E  A  S  E  S  U  T  P  Y  L  A  C  U  E  Z
S  R  F  R  D  A  P  P  L  E  C  B  V  A  F
H  E  O  I  E  T  X  T  E  N  O  R  A  B  S
H  E  S  S  R  P  A  P  E  R  B  O  Y  A  G
Y  E  C  S  E  E  S  L  U  R  C  H  I  N  G
G  R  R  R  E  Y  B  I  L  L  F  O  L  D  S
F  R  A  O  E  N  E  R  D  Y  O  R  L  O  C
E  D  A  T  I  U  R  R  E  Z  H  F  V  N  K
P  I  E  P  E  C  Q  A  G  A  M  O  A  I  K
J  O  K  S  P  G  S  N  H  N  K  E  N  N  M
T  K  M  N  U  L  D  B  O  I  L  I  N  G  S
B  W  J  T  L  O  E  U  C  C  A  Z  P  N  H
J  X  X  V  G  E  R  F  B  Q  W  H  D  W  A
```

ABANDONING	EUCALYPTUSES	REGRESSIONS
BARONET	EYESORE	REMISSIONS
BILLFOLDS	FIREBREAK	ROUSED
BOILINGS	GRAPPLE	TALLYHO
BUDGETARY	HARNESSES	
CONQUER	HEROICS	
DAPPLE	LURCHING	
DISPERSED	PAPERBOY	

Puzzle #105

Assorted Words 105

```
W I Y O D S S S H T S P M A T
E R N X M Y E M O A U B J H L
E O A C O U L C E G D G A A P
K S G G L D F D S I G O R W E
L T H G G U O C E E U I G G S
Y U U D W R D H N T R Q E A X
P C B O O G I E T A C O E S P
R C O L L A T E S R M E U R T
E C U N M A K K V M O E J L Y
M E F I T T E S T I C A R E F
I R E S T A T E M E N T F I D
U M D E L L I R T Y S G R Z F
M Y L B A R E N L U V I C B R
S A L U S N I N E P C W E G Y
A X A S T S I P A R B B O O K
```

AGGRIEVING
BOOGIE
CHEEKS
COLLATES
CONTAINER
DEJECTEDLY
FIREMAN
FITTEST

FLUORESCES
INCLUDES
ORTHODOXY
PAGODA
PENINSULAS
PREMIUMS
RAPISTS
REQUIEMS

RESTATEMENT
SOGGIEST
SWABS
TAMPS
TRILLED
VULNERABLY
WEEKLY

Assorted Words 106

```
U C X R B E B R L O Y A L L Y
L L E T T C T E B G O O I E R
E I U E T W V A Z A S T T V Z
X E T W T H X K C M U U H E O
C N T R I A G O N I E S O R U
E T E Y O S L I H N D O U E T
E S M L M C E P R S T B S D M
D G U X B O T S T Y P S A R A
I F X R I M L A O S P C N E N
N H B K T O I O G N A O D M O
G H A I L S X H G O P E C E E
L L J O O K B H T Y N Y R M U
Y D I S E S T A B L I S H B V
Z E O K I N F L A M E D P E R
W Y L L A C I D O H T E M R E
```

ABDICATE
ABSTRUSE
AGONIES
BREASTPLATE
CLIENTS
COPYRIGHT
DISESTABLISH
ETYMOLOGY

EXCEEDINGLY
GAMINS
GOOIER
HAILS
HYPNOSES
INFLAMED
LEVERED
LOYALLY

METHODICALLY
OCTAGONS
OUTMANOEUVRE
REMEMBER
THIMBLE
THOUSAND

Assorted Words 107

```
I N E X P L I C A B L Y S Y S
O E S C A L A T I O N S T H O
O D T C T E E G A G T R O M U
V T O A S E S U N I M G I H T
E S L G I O L F Q B O E C I H
R C Y I M C R U U F F N I G W
W P R N O A N B V Z N O S H E
O Y Q E O B T U E I N M M F S
R S K S L P R I N T R E Q A T
K L X S A K S A S E H S A L F
E I X U U M C E P T H C P U I
D D O J K M E U S F R S K T G
M E R X M A A N B F N P Y I P
P R O M P T L Y D A K Z M N S
C S A C C L A I M S T R A D S
```

ACCLAIMS
AMENDS
BUCKLER
CAGINESS
DARTS
DOGMATIST
ENUNCIATE
ESCALATIONS

FLASHES
GENOMES
HIGHFALUTIN
INEXPLICABLY
MINUSES
MORTGAGEE
MUSKY
OVERWORKED

PARBOIL
PROMPTLY
RIVULET
SLIDERS
SORBET
SOUTHWEST
STOICISM
SYNOPSES

Puzzle #108
Assorted Words 108

```
F A T T I E S T S Y T O Q C X
A W L T N R X K V O A H Z O W
S D E S P A I R E D L F S L F
M G R I T T I N G Q J O I T U
N S O S A D D L E B A G S I N
N I I V T Y E B P A P I S S S
I A A L A D E T A M K C E H C
G S S L A R B T S C O K S C A
H E T L L G I X K O K C K V T
T D G L L I E E C T O L X H H
S G N Z I U V L S E T R E D E
T O N U U W G F A N C I E S D
I F Y C O N T I N U A N C E S
C C X U O R E P A T R I A T E
K W S E X A G E N A R I A N S
```

BACKLESS	GRITTING	SADDLEBAGS
CHECKMATED	GROUND	SEXAGENARIANS
COLTISH	GULLS	SISSES
COMPLIANT	LEGALISM	SOLOS
CONTINUANCES	NIGHTSTICK	UNSCATHED
DESPAIRED	OVARIES	VILLAIN
FANCIES	REPATRIATE	WILTS
FATTIEST	ROOSTED	

Assorted Words 109

```
S M H G D E R O B H G I E N L
O I R E I T B D E F L E C T S
A C O N S P I C U O U S L Y O
R H H T F F E E M I T R E V O
I I B R A A S E I F I L L O M
N L L U V A V T I T H E D J E
G D U S O A W O M A R I N E S
R L N T R I R L W C R X B W I
E E D T S E N T D E D U N E D
S S E K U I V D F N D N I L R
E S R S E B A I I U L L I L P
N N I V K H E W L C L S Y E M
T E N S T N I R P S T L F D L
S S G S G Y R E T N E S Y D U
B S O S L E C H E R O U S L Y
```

ARTFULLY
AVOWEDLY
BLUNDERING
CHILDLESSNESS
CONSPICUOUSLY
DEFLECTS
DENUDED
DISFAVORS

DYSENTERY
ENTRUST
INDICTS
JEWELLED
LECHEROUSLY
MARINES
MOLLIFIES
NEIGHBORED

OVERTIME
REBUT
RESENTS
SLIVERS
SOARING
SPRINTS
TITHED
WAIST

Assorted Words 110

```
K M O O R W O B L E D X D R H
D V U W V C O C K S U C K E R
L X S U O D N E R R O H H Q T
F I B L E S S E D E S T N E V
D O C A A U R N E S T L I N G
S I R O L R T E S D A E H G S
Y M S E R M D I D E R E M Y T
R T S C M I I E A E I N C N U
E B I I O E C E H R E P O E M
H F K N R T N E R T T F C C B
E F W D G A H E S G A C K O L
A Z J M U I B E O V W C P L I
T X Y H H G L R Q X S B I O N
E S K C U L P A A U T A T G G
D K M D I N C U M B E N C Y W
```

BALMIER	FEEDERS	MERED
BARBARISMS	FOREMEN	NESTLING
BLESSEDEST	GYNECOLOGY	PLUCKS
CATHEDRALS	HEADSET	REHEATED
COCKPIT	HORRENDOUS	STUMBLING
COCKSUCKER	INCUMBENCY	TRAIT
DISCOTHEQUE	LICORICES	
ELBOWROOM	MALIGNITY	

Assorted Words 111

Puzzle #111

```
E C N A P P U E M O C O U P L
I O H Y P E R C R I T I C A L
S T N E M E V O R P M I L L D
B L U N D E R B U S S E S I H
C H A N D E L I E R R G B S Y
Z C T D O Y L I T R A E H A D
U M G N I E E R C E D T S D R
S C O N G R U I T Y A P U E O
T S S O O W B D B S P E R S C
L S E G N I S S A M T E R Z A
R S E N H L G R N I A R O V R
S C H H D X I F G T B A U O B
F M B I T W C T L H L G N D O
A C Q T R I E H E S E E D T N
U H R L V K L L S M A S S E S
```

ADAPTABLE
BANGLES
BLUNDERBUSSES
BRIDALS
CHANDELIER
COMEUPPANCE
CONGRUITY
DECREEING

HEARTILY
HYDROCARBONS
HYPERCRITICAL
IMPROVEMENTS
LEWDNESS
LITHEST
MASSES
MASSING

MOONLIT
PALISADES
PEERAGES
SHIRK
SMITHS
SURROUNDS

Puzzle #112

Assorted Words 112

```
G J R P P W U D R E N E W E D
A V Y O R O K S E N I L C N I
S I S L L E I C M R M E N G I
Y N J T L O V N K S E O N H S
K C A J R A C I T Q S P X L E
O Z S S E O C S O L H A O U D
R D V E M H P I I U E M P O U
S E E O L R E R G D S S P Y C
D G N I L O O C I O W L S P E
Z R E I R T S W K A L N Y L R
Z A A A L R A I W L Y O C A Y
T A Q I B D A G M O E B E F M
P M G E N Y R H E A L R D G X
O I T S A O T A N S C G Z K C
D F A P R I P K H H W Z V C O
```

AIRPORTS	HARDLINER	RENEWED
CAMISOLES	HARRIED	SEDUCER
CARJACK	HECKLER	TOAST
COOLING	INCLINES	VOLTAGES
COOPERED	MESHES	
DISCOLOR	POINTLESSLY	
GEOLOGICALLY	PONIARD	
GLOWWORMS	PREVIOUSLY	

Gratulacje za ukończenie tego zeszytu z krzyżówkami słownymi!

Drogi Czytelniku,

Doskonała robota! Dotarłeś do końca tego zeszytu z krzyżówkami słownymi i chcemy Ci pogratulować za Twoją determinację i wytrwałość! Rozwiązując każdą krzyżówkę, nie tylko wzbogaciłeś swoje słownictwo w języku angielskim, ale również doskonaliłeś swoją uważność i koncentrację. To dopiero początek Twojej drogi do znaczącej nauki i trwałego dobrostanu psychicznego.

Korzyści z koncentracji:

Koncentracja i uważność, które ćwiczyłeś podczas rozwiązywania tych krzyżówek, przynoszą korzyści wykraczające poza ten zeszyt. Badania wykazały, że koncentracja poprawia pamięć, podejmowanie decyzji i kreatywność. Ponadto, zmniejsza stres i zwiększa poczucie spokoju oraz równowagi w naszym codziennym życiu.

Kontynuuj swoją podróż edukacyjną:

Jeśli podobało Ci się to doświadczenie tak samo jak nam, zapraszamy do eksplorowania pozostałych 17 tomów naszej kolekcji krzyżówek słownych. Każdy zeszyt jest starannie zaprojektowany, aby oferować Ci nowe wyzwania i możliwości nauki, zanurzając Cię w świat angielskiego słownictwa i uważności.

Cenimy Twoją opinię! Jeśli spodobał Ci się ten zeszyt, chcielibyśmy usłyszeć Twoją opinię. Prosimy, poświęć chwilę, aby zostawić pozytywną ocenę na stronie produktu na Amazonie. Twoja opinia pomaga nam ulepszać nasze produkty i tworzyć treści, które są użyteczne i znaczące dla Ciebie i innych czytelników takich jak Ty.

Dziękujemy, że wybrałeś nas jako swojego towarzysza w nauce i rozrywce. Mamy nadzieję, że zobaczymy Cię wkrótce w kolejnych tomach naszych krzyżówek słownych!

Z wdzięcznością, Cool&Co.

www.ingramcontent.com/pod-product-compliance
Lightning Source LLC
Chambersburg PA
CBHW062314220526
45479CB00004B/1158